JN032279

保険営業だからこそできる

最強の中小企業支援術

税理士法人アイユーコンサルティング

クロスメディア・パブリッシング

はじめに　~危機に立たされた保険業界~

はじめに一言申し上げさせてください。

世の中の中小企業支援の一翼を担えるのは、間違いなく「保険営業の皆様」です。

中小企業経営者の周りには金融機関、顧問税理士、弁護士、司法書士、社会保険労務士、不動産会社といった様々なステークホルダーがいますが、ステークホルダーごとに得意分野と不得意分野があり、それらのメンバーのみでは中小企業の支援に限界があるのです。

本書を読んでいただければ、その理由がおわかりになると思います。

本書はタイトルに「保険営業だからこそできる」とあるように、保険の営業担当者に向けて書いた書籍です。実際に手に取ってくださった方の多くは、保険の代理店を経営していたり、あるいは勤務していたりと、立場は多少違っても保険業界に身を置き、日々、顧客に向けて商品を届けていると思います。

皆さんもご存じのとおり、保険営業の世界はフルコミッションと呼ばれる「完全歩合制」で、大きな契約が取れると多額の手数料が舞い込み、年収1000万円や1億円ですら夢ではない世界です。成績が良ければ「MDRT（Million Dollar Round Table）」や「COT（Court of the Table）」、「TOT（Top of the Table）」といった、世界のエリートに仲間入りする道も拓けていきます。

しかし、こういった華やかさがある反面、つらく厳しい世界であることも知られています。契約が取れないと収入は低いままで、日々の生活すらままならないこともあります。せっかく独立したもののうまくいかず、廃業するケースもあとを絶たない、厳しい業界です。

加えて現在は、さらなる逆風が吹き荒れています。

本来、保険には「節税」「保障」「貯蓄」の3つの役割があるといわれてきましたが、これらの存在感が揺らぎつつあるのです。

崩れつつある、保険の3つの役割

まずは、保険の持つ「節税」の役割について。皆さんもご存じかと思いますが、2019年2月14日の「バレンタインショック」が大きな影響を与えました。

それまで生命保険各社は、死亡定期保険の高い節税効果を謳い、中小企業の経営者に積極的に販売していました。経営者は保険料を損金として扱うことができ、保険営業にも高額な保険料をもたらすため、人気が高い売れ筋の保険商品でした。

ところが国税庁は、この商品の実体と乖離した節税効果を問題視し、税制上の取り扱いを見直す方針を発表することに。

中小企業向けの死亡定期保険の保険料は決して安くなく、内容によっては1000万円を優に超えます。ですが、全額または一部が法人税上の損金として扱われるばかりか、数年後に解約すると利益として計上される解約返戻金を退職金として支給すれば、企業の利益は相殺されます。金融庁と国税庁はこうした保険本来の保障機能ではなく、全損という税務上のメリットに偏った商品性や販売姿勢を問題視したわけです。

これを受け生保各社は2月14日以降、相次いで死亡定期保険の販売停止を打ち出しました。この日にちなんで「バレンタインショック」と呼ばれているのです。

この商品の恩恵にあずかっていた保険営業は少なくなかったはずです。ＭＤＲＴ以上の方たちのなかには、おそらくこういった商品を多く扱って成績を積み重ねた方もいたのではと思います。保険のもつ「節税性」がなくなったことで、商品は売れなくなり、多くの保険営業担当者の成績に悪影響を及ぼしたことは、想像に難くありません。

さらにこれに続き２０２１年6月現在、「ホワイトデーショック」と呼ばれる、低解約返戻金型保険の名義変更に関する問題も取りざたされています。

皆さんもご存じのように、法人向け保険には、加入から数年は解約返戻金が低く、一定の期間が経過すると返戻率がアップする商品があります。低解約返戻金期間中は法人が保険料を負担して、返戻率がアップする前に個人に契約を移す。こうすることで、法人が支払う保険料は損金にならず資産計上され、法人から経営者やその親族などに低い解約返戻金で売却すると、両者の差額は譲渡損として損金計上できます。

結局のところ企業は損金扱いができることや、個人も租税回避ができることを深く問題視した税務当局は、課税ルールの変更を生命保険協会に通知しました。

この仕組みが使えなくなると、節税をウリにして経営者に販売できる商品は、またひとつ減ることになります。

次に、保険の持つ「保障」効果について。これは借入に対する保障を指します。万が一の際に入ってくる保険金を使って、金融機関へ借入金を返済しようと考える中小企業の経営者は少なくありません。

ただし先述のように、中小企業経営者向けの死亡定期保険は損金扱いができなくなり、経営者からすると多額の保険料を納めるメリットはなくなりました。それなら、数千万円の商品ではなく、数百万円の掛け捨ての商品で十分と考えるでしょう。保険の持つ「保障」効果がなくなったわけではありませんが、得られる手数料が減ったため、保険営業にとっては痛手です。

最後に「貯蓄」効果について。保険は一括もしくは定期的にお金を支払うため強制的な貯蓄効果があり、解約などで運用後のリターンを手にすることができます。

ところが、ここ数年は米国をはじめ諸外国は低金利政策を進めていて、変額年金をはじめとする保険商品の運用益には期待が持てません。かつては1000万円を入れると30

年後は1500万円になって返ってきたものが、いまでは1100万円にもならないことも珍しくありません。

これだけ低リターンでは、銀行の預貯金と大差なく、保険を使った貯蓄に意味を見出さない人が増えてくるのは明白です。むしろ、運用を考えるなら保険商品ではなく、投資信託などのアクティブな金融商品を検討する人が増えていくでしょう。保険の優位性がなくなり、売れる商品も減り、危機感を覚えている保険営業の方は多いと思います。

このように、税法上の問題や市況の影響を受け、中小企業経営者に対して保険商品を売るのが難しくなっています。皆さんも肌で感じているのではないでしょうか。

個人に対する保険の役割はそれほど変わっていませんが、個人は法人に比べると保険料の規模が小さく、個人保険だけで大きな収益を上げるのは簡単ではありません。MDRTを目指そうにも、お客様の自宅を四六時中回り続けることになるでしょう。若いうちは気力と体力で乗り切れても、年齢を重ねるにつれ、心身が追い付かなくなります。なにより、顧客の豊かな人生を支える保険営業が働きづくめになってしまっては本末転倒です。

保険営業にとっては、法人・個人の分け隔てなく、皆様大事な顧客であることに変わりはありません。ただし、個人に比べると資金があり大きな保険ニーズが期待できる中小企業が生命線を握っていることも事実であり、その法人からのニーズが危機にさらされていることもまた、事実なのです。

中小企業の「事業承継」ニーズにアプローチ

法人に対して死亡定期保険が強力な営業ツールではなくなったいま、どういったアプローチをしていくべきなのでしょうか。

そこで私たちが有効だと考えているのが、「事業承継支援」です。詳しくは本編で解説しますが、いま日本の多くの企業が、事業承継に悩まされているのです。

日本にある法人のほとんどは中小企業で、多くの経営者は高齢に差し掛かり、次代へバトンタッチするタイミングが訪れています。

ところが、多くの経営者は事業承継の具体的なノウハウを持たず、どうすれば良いかわからず悩んでいます。実際の場面では、株式の譲渡などに多くの資金が必要となりますが、それが用意できずに借金を抱えたり、最悪の場合は廃業を余儀なくされたりすることも珍しくありません。

しかしながら、その資金を保険で保全できるとしたら……。

そうです、中小企業の事業承継に際しては、保険営業がサポートできることが多々あり、マネタイズにもしっかりと繋げることができるのです。

また、企業は事業承継に必要となる資金を捻出するために財務改善が求められますが、この点においても、保険営業は自らの強みを発揮できます。

財務改善により余剰資金を生み、そのお金で、事業承継に備えるための保険に入っていただくことが、保険営業にとってビジネスチャンスになるのです。

税理士事務所と保険営業がタッグを組んで日本を救う

私たち「アイユーコンサルティンググループ」は、中小企業の事業承継と財務支援を中心に、首都圏や福岡で事業を展開している税理士法人を母体とするグループです。

2013年の創業以降、多くの法人を支えてきました。その経験のなかで、最も経営者に近い場所にいて、保険のことはもちろん、それに付随するビジネスやプライベートのアドバイスをしてあげられるのは、保険営業の方々であると確信しました。
経営者からアドバイスを求められる皆さんなら、事業承継や財務に対しても的確な支援策を考案・実行できるはずです。

そこで本書は、「成績を伸ばしたい」、「MDRTを目指している」といった方、もしくはすでにMDRT以上で、「さらに飛躍したい」、「保険以外に強力なツールを持ちたい」、「中小企業の支援に深く関わりたい」といった保険営業の方を対象に、法人の事業承継と財務の必要最低限の支援ができるようになるための知識と、実際に保険を活用した事例をまとめました。

具体的には、第1章では中小企業を取り巻く環境と保険営業に求められる役割、第2章では財務支援、第3章では事業承継の基礎知識を養い、第4章では保険を活用した株式承継の支援、第5章では保険を活用した相続の支援策を解説します。まずは現状を俯瞰したうえで、財務改善から事業承継の流れに沿って知識を身に付けていただき、最後に、保険営業だからこそできる支援策を学んでいただく流れです。

　この本は、私たちからするとビジネスの手の内を明かすようなものですが、事業承継と財務改善に困っている企業や経営者は多く、ひとりでもその現状に目を向けてくれる人が増えることは、いまの日本にとって必要なことなのです。

　税務に関するところが得意な私たちと、事業承継と財務改善に詳しくなった皆さまがタッグを組むことで、企業により質の高いサービスを提供していけると考えています。

　バレンタインショック以降、中小企業と疎遠になっている保険営業の方もいるのではないでしょうか。ですが、経営者の側にいて、保険にかぎらず様々な提案をすることができ、かつ多岐にわたる相談を受けられるのは、保険営業の皆さんです。だからこそ、多くの中小企業が直面しているこの課題を解決することも、皆さんの役割なのです。

　必要なのは財務改善と事業承継に関する知識です。この本でその点をしっかり学び、中小企業の経営者にとって、これまで以上に必要とされる存在になってください。本書を通じて、これまでとは違う、次代を担う保険営業のあり方をつかんでいただけると幸いです。

保険営業だからこそできる　最強の中小企業支援術　目次

第1章 保険営業が中小企業を救う

第2章 保険営業だからできる「財務支援」

第3章

保険営業が知っておきたい「事業承継」の知識

第4章 保険を活用した「株式承継」の支援策

第5章 保険を活用した「相続」の支援策

第1章

保険営業が中小企業を救う

いま、日本の中小企業は助けを求めている

「99・7％」

これは、日本の企業約421万社のうち、中小企業の割合を示した数字です。国内の全従業員の68・8％が中小企業に勤めており、産業構造で圧倒的にメジャーなのは中小企業であることがわかります。

いま、そんな日本経済の基盤ともいえる中小企業に、ふたつの危機が迫っていることをご存じでしょうか。

ひとつは、中小企業の事業承継の問題です。多くの経営者は年齢を重ね、20年前は50代前半がヤマとなっていた年齢分布も、いまは60代半ばがボリューム層となっています。2025年までに、平均引退年齢といわれる70歳を迎える経営者の数はおよそ245万人にのぼります。

ところが、そのうちの半数（日本企業全体の3分の1）の約127万社で、後継者が決まっていません。後継者がいないと、たとえ事業が黒字であっても廃業を選ばざるを得ない場合もあります。

この現状を放置すると、中小企業の廃業は今後さらに急増するでしょう。その結果、25年までに累計で約650万人の雇用と、約22兆円のGDPが失われる恐れがあり、日本経済にとって大打撃となりうるのです。

ふたつ目は、いまだ中小企業の財務に大きな影を落としている新型コロナウイルスの影響です。被害を受けた中小企業に対して、政府は金融機関による無利子・無担保の資金繰り支援や、最大200万円の持続化給付金といった対策を打ち出しましたが、根本的な問題が解決しないことには業績は回復しません。融資で急場をしのぎ倒産を回避した企業も、その後、毎月の返済が始まると、何らかの手を打たないかぎり返済苦に陥るだけです。倒産の連鎖を防ぐための手段として評価できる施策でしたが、借りる側はあとのことまで考えて借りていたかというと、疑問が残ります。下手をすると、これから経営難になってしまう中小企業が増える可能性があるのです。

つまり、いま中小企業は「後継者の不在による廃業」と「コロナを機に顕在化した財務悪化」という、ふたつの危機に直面しているのです。

こんな状態で後継者に会社を渡していいのか、むしろ自分の代で事業をたたんだ方が良いのではと、引退間近で頭を抱えている経営者は少なくありません。

第1章では、こうした悩みを抱える中小企業経営者がおかれた現状と、そういった経営者に対して「保険営業」の方々ができるサポートの概要について、お伝えしていきます。

中小企業の成長フェーズごとの悩み

事業承継について詳しく見ていくまえに、まずは中小企業が抱える課題を成長フェーズごとに把握しておきましょう。企業の成長には次の4つのフェーズがあるといわれています。

幼年期：会社の立ち上げ準備期、または立ち上げ間もない時期
成長期：事業が軌道に乗るまでの時期
安定期：さらなる成長に向けて事業を拡大する時期
成熟期：事業が安定し、事業売却や新規事業を検討する時期

まず幼年期の課題ですが、ここは多くの方のイメージ同様、売り上げを出すことです。会社設立の準備段階、または設立してから数年のスタートアップの時期ですから、業績を上げないことには成長できません。業界によりますが、売上が1～2億円程度になるまでは、この悩みがつきまといます。

次に、事業開始後、事業が軌道に乗るまでの時期である成長期と、さらなる成長を目指す安定期になると、飲食店なら従業員を拡充したり、製造業なら新たな機械を入れたりなど、人件費や設備投資などの資金が必要になります。ここで、利益以外の問題が出てきます。特に安定期に顕著ですが、投資のために金融機関からの借入が過剰になるなど、財務

状況に関する問題と直面するのです。

本来はこのタイミングで、当座預金の活用や手形の貸し付けといった、うまい資金繰りの知識やノウハウを身に付けられたら良いのですが、経営者は経営のプロであってお金の専門家ではありません。お金のことを教えてくれる人が周りにいないばかりに、正しい銀行借入の手段などがわからず、資金繰りが厳しくなってしまうのです。会社の運転資金に手をつけてしまったり、周りから勧められた節税策によって会社からキャッシュがなくなったりした結果、黒字にもかかわらず資金調達がうまくいかず廃業してしまう会社もあるほどです。

資金面以外でも、人事評価や従業員満足度、マーケティングなど、何かと課題が山積みになる時期といえるでしょう。

そして最後のフェーズである成熟期に訪れる課題が、事業承継です。どうすればスムーズかつ適切に次の世代へバトンを渡せるかは、経営者にとって大きな悩みごとです。先述したように金融機関と、彼らが紹介する大手税理士法人が支援を担っていますが、どこまで企業に寄り添ったサポートができているかは疑問が残ります。多くの中小企業が最善策を取れていない可能性が大いにあり、事業承継がきっかけで企業の存続が厳しくなってしまうことすらあります。

皆さんにサポートしていただきたい「事業承継」は、これまでに様々な困難を乗り越えてきた企業や経営者が、最後に直面する大きな悩みなのです。

中小企業経営者の周りには支援者がいない

会社をたたむか、継がせるか、売却するか、そもそも続けていくことができるのか、成熟期に入った中小企業の経営者は様々な決断や悩みに頭を抱えています。さらに問題なのは、中小企業の経営者の周りには、こうしたピンチのときに頼れる支援者がいないことです。

通常、企業経営者の側には資金繰りなどをサポートする金融機関の担当者や、税務を担う税理士がついていますが、彼らのみでは事業承継や財政改善の役割を担うことができないのです。

現状で、中小企業の事業承継や財務改善をサポートしているのは、銀行などの金融機関です。低金利のいま、金融機関も融資だけでは収益を上げられず、大手税理士法人とタッグを組み、自社が抱える企業にサービスを提供しています。

とりわけ事業承継は、金融機関にとって新たな収益源となっています。例えば、相続によって事業承継が行われる際は、亡くなった経営者から後継者に自社の株式が相続されます。ところが、優良な会社ほど株価は高く、後継者は相続税として億単位の資金が必要になることもあります。そこで金融機関は融資を提案したり、株価を下げるために不動産の購入を勧めたりといった、様々なプランを提示するのです。すると、金融機関には融資の実績ができ、物件の仲介手数料も舞い込むことになります。業務提携している税理士法人に実務を依頼することで、紹介手数料などのキックバックも得られます。

ほかにも、事業承継や相続には商品やサービスを提供するいくつものチャンスがあります。こういった理由で、金融機関にとって事業承継は収益を上げる機会の多い、有益な事案なのです。

しかし、金融機関も営利企業ですから、最優先すべきは自社の商品を売ることであり、収益を無視して心から中小企業の立場に立ったサポートをするのは難しいものです。事業承継の支援をしたところで収益に繋がらないような中小企業には、サポートの提案すらしないこともあります。

一方で、全国の地銀は地域の活性化を図るよう金融庁からお達しがあり、財務改善などを通じて企業の存続や地方創生を支援する役割を担っています。具体的には、格付けにとらわれずに事業性の評価を行い、将来性のある中小企業には積極的に融資をするといった取り組みが進められているようです。

ところが実情はというと、事業性を評価したり、その評価に基づいて融資を実施したりするケースはあまり見受けられません。事業性を評価するには会社の事業や財務状況だけでなく、経営者や社員の思い、オフィスの雰囲気など、非財務情報なども含めた多様な要素を評価する必要があります。多くのバンカーにとって未知の手法で、やりかたがわからないのです。

昭和の頃なら、取引先に足を運んで工場を見学したり、棚卸を夜通し手伝ったりするなど、一心同体のような関係もあったと思います。ところが、いまは時代が変わり、もっとドライな関係になっています。

そもそも、彼らは現状の仕事量で十分忙しく、働き方改革による残業の上限規制に縛られ定時で退社する必要がある昨今では、そこまでやりたくてもできないという事情もあります。

お金の専門家「税理士」に起きた変化

事業承継や財務支援については、経営者との接点も多い税理士がサポート役を担うべきといった声もあります。

現在、国内には税理士が7万9187人、税理士法人は6461法人（主たる事務所と従たる事務所の合計。2020年8月末現在）あります。もちろん、私たちのように中小企業の売上や資産規模、財務内容まで含めたサポートを提供する事務所がないわけではありません。ただし、クライアントとなる中小企業の数に比べると、サポートできる税理士側の数が圧倒的に足りていないのが現状です。

これだけのニーズがあるにもかかわらず、税理士が企業の事業承継や財務支援をサポートしきれていないのには理由があります。

まず事業承継について。事業承継は企業にとって30年に一度の問題といわれ、頻繁に起こる案件ではありません。そのため、案件を経験したことのある税理士自体が少ないのです。そして財務支援については、そもそも知識を持っている人が少ないためです。財務と税務はまったくの別物であり、税理士試験でも出題されません。要するに自発的に勉強しないかぎり、税理士が財務を学ぶ機会はないのです。

加えて、現在は税理士にとって厳しい時代でもあります。近年はＡＩが税理士業務の一部を担えるようにもなり、仕事の依頼数や顧問業務の単価は下がり始めています。ひとりで30社を担当するなど、業務量が多大になり多忙な税理士も増えてきているほどです。また、日本税理士連合会が２０１５年に行った『第６回税理士実態調査』では、税理士の約半数が60歳以上という結果でした。時代が変化しているからといって、いまさら仕事の方針を切り替えることに踏み出せない気持ちもよくわかります。

これらの理由により、多くの税理士は事業承継や財務支援まで完璧にサポートするのが難しい状況にはあります。ただし、彼らを責めることはできません。税理士の本来の仕事は税務の相談に乗ったり正しい申告書を作ったりすることであり、顧問業務に力を入れるのは決して悪いことではないのです。自らの役割を果たし、求められることに忠実に応えているだけであり、ここは誤解しないでいただきたいところです。

一方で、ＡＩによって仕事が奪われつつあるいま、若い人たちは危機感を持っています。先述のとおり、税理士の平均年齢は60歳で、あと10年で半数以上が引退し、業界内の競合他社が減るわけですが、残された税理士たちは楽観視していません。ＡＩの台頭もあり担当業務自体が減るなど、従来の業務だけでは食べていけない危機意識を抱えている税理士も少なからずいます。

こうした背景があるため、近年は、海外子会社創設の支援などの海外案件のみ、海外と国内のクロスボーダーＭ＆Ａのみといった、ある事業に特化して業務をサポートし、自分たちの強みをアピールする特化型の税理士事務所が増えてきました。

私たちもまさにそうです。顧問業務だけでは他事務所と差別化できず埋没する恐れがあると考え、事業承継と相続に特化する道を選びました。いずれこれらの案件が減っていったときに備えて、いまは財務支援や成長支援にも領域を広げています。税理士事務所は現状維持派と現状打破派に二極化していますが、自らの強みを磨いていかない税理士や事務所は、いずれどこかに吸収されていくのではと考えています。

この流れにより、ひとつの事務所があらゆる業務を一手に引き受けるのではなく、自らの専門分野に応じて他の事務所や業種と提携を組み、複数社で分業制によって企業をサポートする事例が増えています。税理士もシェアリングエコノミーの時代で、すべての業務を自社で囲い込むのではなく、お客様のためにあえて「できないこと」を認め、他社と連携する勇気を持ち始めたのです。

新たな支援者としての「保険営業」の登場

お伝えしたように、税理士は他社と協力して分業制で企業をサポートする時代になりましたが、その際に税理士が組むパートナーは税理士だけではありません。これからの中小企業を救う新たな救世主として私たちが注目しているのが、ＭＤＲＴをはじめとする優秀な「保険営業」の方々です。

ご存じのとおり、ＭＤＲＴは日本語で「１００万ドル円卓会議」とも訳される、１９２７年に発足した生命保険・金融のプロフェッショナル組織のことをいいます。世界中の生命保険と金融サービス専門家６万５０００人以上が所属する独立したグローバルな組織として知られ、５００社、70ヶ国で会員が活躍しています。

会員は世界中の生命保険・金融サービス専門職のトップクラスのメンバーで構成され、ＭＤＲＴの倫理綱領・目的に基づき、顧客のための最善な商品・知識・情報などを提供するのが、彼らの役割です。本部があるアメリカ以外にも世界中に組織があり、日本会には現在６３１０名が加入しています（２０２０年3月18日現在）。

ＭＤＲＴの会員になるのは決して簡単ではなく、厳しい入会基準を満たし、承認されないことには資格が与えられません。例えば初年度手数料であれば、ＭＤＲＴは約７０８万円、それより上級のＣＯＴなら約２１２６万円、最上位のＴＯＴは約

4253万円と、かなりの額に上ります。ここからも、極めて狭き門であることは容易に想像できるでしょう。

この保険営業の方々こそが、中小企業の新たな支援者になれると考えています。なぜなら保険営業は、金融機関の担当者や私たちのような税理士と同様に、中小企業の経営者を側で支える身近な存在だからです。

MDRTの基準を個人保険だけでクリアするのは難易度が高く、おそらく成績優秀な保険営業の大半は、中小をはじめとする企業やその経営者を顧客に持っているでしょう。生命保険や社会保険、退職金など、多岐にわたり企業の「お金」のアドバイスをしているため、経営者との距離も近く、信頼を得ている人も多いのです。なかには独学で財務や事業承継を学んでいて、銀行員や税理士よりも詳しい人もいます。

保険営業が企業を救う存在になるという考えは、伝説の保険営業として有名な、エフピーステージ株式会社代表取締役の五島聡さんとの出会いに基づきます。五島さんはソニー生命の保険営業として勤めた方で、1994年から98年にかけてTOTになり、94

年には全国2642名のうち5位の成績を収めたほどの人物です。

五島さんは、日本経済の根幹を支える中小企業の事業継続に関心があるものの、自分ひとりではできることがかぎられると感じ、財務や事業承継の支援者を増やすために、保険営業マンの成功と社会的地位向上を目的にした戦略法人保険営業塾や財務コンサル養成講座などを主宰しています。主宰する塾には、五島さんの考えに共鳴した多くの保険営業の方が参加しています。私たちも塾の講師としてご協力するなかで、五島さんの考えに感銘を受けたのはもちろん、参加者による成功事例をたくさん目の当たりにしてきたことで、保険営業の可能性に気づいたのです。

保険営業と税理士でタッグを組む

それでは税理士と、MDRTをはじめとする優秀な保険営業は、具体的にどういった関係を築くことができるのでしょうか。私たちが考えているのは、中小企業に対して税理士のみが税務や財務、事業承継といったすべてをサポートするのでなく、保険営業が資産形成のみならず財務・事業承継も含めてサポートする形です。

先述のように、財務改善や事業承継のサポートを求める中小企業は全国に数多くあります。税理士としても顧客満足度の向上や新たな利益創出機会の獲得のために引き受けたいところですが、そう簡単にはいきません。会計処理へのＡＩの導入などにより報酬単価や収益性が低下、従業員を解雇するわけにもいかず薄利多売になっている事務所が珍しくないのです。そのため、既存の仕事で手いっぱいになり、新しいビジネスモデルや知識を学ぶ余裕のない状況です。税理士たちは袋小路に陥り、結果として優良な企業を金融機関に持っていかれ、誰のサポートも受けられずに事業が厳しくなっていくわけです。

ところが、財務や事業承継をアドバイスしてくれる協力者がいれば話は別です。その協力者こそ、保険営業の方々が担える役割なのだと考えています。

つまり、経営者も含めた税理士・保険営業の三者で協力し、税務や財務といった企業のお金に関する環境を総合的にサポートする体制をつくるのです。

税理士からすると、顧問企業のニーズに応えることで同業他社に顧問業務を奪われる危険性を下げられるメリットがあります。税務業務そのものを保険営業の方が行えるわけではないため、保険営業の方が受けた依頼のなかに税務に関する業務があれば、そこをサポートすることで収益も上げられます。

保険営業の方にとっても、財務や事業承継の支援を通じて、経営者とより強固な関係性を築けます。また、詳しくは後述しますが、財務支援や事業承継支援に際して役立つ保険もあるため、契約まで繋げることができれば収益も見込めます。自社の顧問税理士では対応ができない専門性の高い税務関係の要望も、提携先の税理士に任せれば問題ありません。

つまり、保険営業は税理士の手が回らない分野をカバーすることができ、税理士は保険営業には許可されていない税務業務が行えるのです。

企業のお金に関して異なる得意分野を持つ税理士と保険営業がタッグを組み、互いに補完しあうことで、両者にとってメリットがあるだけでなく、中小企業の経営者も課題を解決できます。まさに、三者がメリットを享受できる理想的な関係といえるでしょう。

できる保険営業は中小企業の事業承継に目をつけている

ここまで、保険営業が中小企業の財務支援や事業承継支援を担うメリットをお伝えしてきましたが、実は、すでにそこに目をつけている保険営業の方は多いのです。中小企業経営者と近い距離にいるMDRT会員以上であれば、おそらくほとんどの人が、経営者のニーズのひとつである事業承継と保険の相性の良さには気づいているでしょう。なぜなら、事業承継の支援は保険営業にとっても大きな利益をもたらすからです。

利益をもたらす理由は、事業承継の支援において保険が果たせる役割が大きいためです。具体的には後に事例を交えて解説しますが、事業の承継にはとにかくお金がかかります。株式の承継、少数株主の買取請求対策、相続税の納税、遺留分の対策など、多くの準備や対策が必要となり、そのすべてに資金が必要となります。そのための資金を確保したり削減したりするための方法として、保険を活用していただけるのです。

また、そもそも資金がなければ、事業承継という選択肢を選ぶこともできません。経営が安定していて不測の事態に備えた資金があれば、それほど心配はいらないでしょう。しかし経営が不安定で余剰資金がない場合は、廃業や倒産は待ったなしです。

優秀な保険営業は、決算書の読み解き方や財務の知識を豊富に持ち、事業承継に備えた財務改善の段階についてもアドバイスを行っています。財務改善のアドバイス自体には収益性はなく、すぐに保険の契約に結びつくわけでもありませんが、いきなり「保険に入ってくれませんか？」では話にならなくても、経営者が直面している優先度の高い課題に寄り添うことで聞く耳を持ってもらえます。

つまり事業承継の支援に際して保険営業は、財務改善のアドバイスと、保険を活用して事業承継に備えて資金を貯める方法を、経営者に提供できるのです。財務改善から事業承継までは時間がかかり、継続的な支援が必要にはなりますが、経営者の信頼を得て最終的に保険の契約まで繋げることができれば、大きな利益を手に入れられるでしょう。

こうしたアプローチで、保険営業は財務改善と事業承継を自身のビジネスチャンスにすることができます。

実際に財務改善をサポートして、そこで浮いたお金を使って「保険に入って将来の事業承継のための資金を貯めましょう」とアドバイスするのは効果的です。保険営業のアドバイスで経営が良くなった実感があれば、その指南役に対する信頼は高まり、銀行に預けるなら保険で運用したいと経営者が考える可能性は高いでしょう。皆さんご存じのとおり、法人や経営者と保険契約を結べると、その保険料は年間数千万円単位になることもあります。こうした契約を積み上げてＴＯＴにまで登りつめた人もいるほどです。

ＴＯＴになるには上場企業の経営者一族と面識があったり、ＩＰＯした経営者を新聞などでチェックしてひたすらコンタクトをとったりなど、特殊な人脈や計り知れない労力が必要になることもあります。そこを目指すよりも、普段から接点のある中小企業経営者のサポート役になり、保険に繋げていく流れをつくる方が、はるかに可能性が高いでしょう。

保険営業からのアドバイスに価値を感じれば、損をする保険でないかぎり、経営者は顧問料として契約してくれるでしょう。保険営業からすると、「財務支援や事業承継のサポートが何の得になる？」と思うかもしれませんが、経営者の良きパートナーになることで、エリート保険営業の仲間入りができる可能性は十分にあるのです。

経営者からの相談が財務改善と事業承継からさらに広がれば、資産形成のアドバイスや、株や債券、投資信託といった金融商品の説明や仲介販売など、ファイナンシャルプランニング業務にも手を広げられます。保険・金融商品・コンサルティングの3本柱の強みを持てると、ただの保険営業ではなく、競合とも差別化された唯一無二の存在になれるでしょう。

中小企業の経営者にとって事業承継は、必ず直面する避けられない課題です。サポートしてくれる存在は心強く、信頼関係が生まれるのはたしかでしょう。現状ではまだ支援者が少ないため、いまから取り組むことで多くの顧客獲得に繋がります。冒頭で述べたとおり、その対象は全国に400万社以上。またとないビジネスチャンスが広がっているのです。

保険営業だからできる支援策がある

企業の事業承継支援は保険営業にとってメリットがあるばかりではなく、もちろん、サポートする企業や経営者にも大きな利点をもたらします。それは、保険営業にしかできないことがあるからです。

税理士が得意とする節税対策は、たしかに事業承継のための資金確保においては、ある程度の効果があるかもしれません。しかし、節税の基本は「利益や資産を減らすこと」です。詳しくは第2章で解説しますが、過度な節税により、場合によっては企業から資金がなくなってしまうこともあるのです。

また、最大のライバルである金融機関はどうでしょうか。まず彼らの場合、営利企業であるため無償や低価格で中小企業を支援することはできません。自分たちの収益に繋がる提案が中心となり、対象となる企業もかぎられます。

不動産の購入などによって自社の株価を下げ、事業承継における株式譲渡の際に必要となるコストを減らすといったアドバイスをすることもありますが、それは融資や不動産販売によって利益を得るためというのが目論見です。たしかに事業承継に要するコストは減らせますが、中小企業にとって、財務を毀損させる株価対策は将来的な重荷になる可能性があり、最善策とはいえません。

一方、保険を活用して資金を保全する方法であれば、会社のお金を減らしたり、価値を下げたりする必要はありません。

事業承継とは本来、財務をしっかり支え、企業のボトルネックの発見・改善を行い、経営者の思いを大切にしながらビジネスを存続させることです。わが子のように育ててきた会社をたたみたいと考える経営者は少なく、できることなら残したいと思うのが心情です。保険を使った低負担で価値のあるソリューションを提示できれば、経営者はもちろん、後継者にも安心してもらえるでしょう。

その保険を提案できるのは、保険営業の方々だけなのです。

当社のように財務改善や事業承継に特化した税理士事務所も、コンサルティングはできても、具体的な保険の提案となると、私たちだけではどうにもならないところがあります。目先の利益にとらわれず、相手の立場に立って保険を使った最適な提案ができるのは、知識と経験が豊富なプロの保険営業の方々しかいません。だからこそ、保険営業が積極的に知識を習得し、税理士と手を取り合って、協力しながら企業を支えていく必要があるのです。

中小企業の事業承継に対する認識は甘い

事業承継に対して、税理士と保険営業で手を組んでサポートしていくことが有効だとお伝えしましたが、それだけでは足りません。効果的な対策を実行するためには、当事者である企業の経営者の協力が不可欠です。

では経営者は事業承継について、どのように認識しているのでしょうか。

日本政策金融公庫総合研究所が2016年に実施したインターネット調査によると、60歳以上の経営者のうち、50％以上は廃業を予定していて、特に個人事業主の約7割は「自分の代で事業をやめるつもり」と回答しました。理由としては「最初からそのつもりだった」が最多ではありましたが、「事業に将来性がない」、「子供に継ぐ意思がない」、「子供がいない」、「後継者が見つからない」など、後継者不在を理由に挙げる経営者も少なくありませんでした。

課題を自覚していて、すでに手を打っている経営者もいます。ですが、その一方で「後継者がいない」、「自社株が高くて譲渡できない」、「財務が悪いから相続税を払えない」など、事業承継に対する自社の課題がわかっていながらアクションを起こさない、つまり問題と向き合おうとしない経営者がいることも事実です。

それもそのはずです。なぜなら事業承継の対策をしたところで、企業は1円も「儲からない」からです。株式の譲渡に必要な資金や相続税のことなど、考えることが多く手間がかかる一方で、何も生み出さない。要するに、経営者にとってテンションが上がらない案件なのです。したがって、課題が明確であるにもかかわらず、漠然と悩んでいるだけで、夏休みの宿題のように先延ばしにしてしまうのです。

「身体にガタがきたら考え始めれば良い」、「引退の2〜3年前から準備すれば大丈夫」と思っている経営者もいるようですが、これまで多くの事業承継に関わってきた私たちからすると、財務改善による株価対策なども済んだうえで円滑に会社を譲渡するには、準備に10年はかかるというのが実感です。経営者が70代を迎えていたり、かつ持病があったりという状況では遅すぎます。

このように問題を放置してしまっているのも、身近に指摘してくれる人や、相談に乗ってくれる人がいないからです。相談ができ、具体策を講じてくれるパートナーを少しでも早く見つけることが急務となっています。

そして、普段からお金の相談を受けやすい立場にあり、相手の懐にも飛び込みやすい保険営業こそがその役割を担い、経営者に対策の必要性を説いてあげるべきなのです。

「財務」と「事業承継」は企業存続のカギ

経営者の年齢が上がるほど、投資に対する意欲が下がり、リスク回避の傾向は高まり、事業のさらなる発展は見込めなくなります。むしろ経営者が交代し、若年の経営者が新たに会社を率いることで、利益率や売上高が向上するケースは多くあります。

つまり、事業承継は経営者にとっては利益につながらないテンションの上がらない案件かもしれませんが、会社の存続にとっては重要なことなのです。

企業の存続は、財務成長と事業承継のサイクルによって成り立ちます。どちらかではなく、両輪を回しながら進めることが肝心なのです。

しかし、独自でこの必要性に気づき、対策を進めていける経営者は案外少ないものです。こうした状況において、企業存続における財務支援と事業承継の重要性を説けるのも、保険営業の方でしょう。

42ページでも登場した日本政策金融公庫総合研究所の調査によると、廃業予定の企業のうち3割の経営者は同業他社より好業績だと回答し、4割の経営者は今後10年間の将来性に関しても少なくとも現状維持はできると回答しています。つまりこれは、私たち生活者にとっては、身の回りで愛用されている定番の商品やサービスが、その企業の業績とは関係なく、ある日突然なくなってしまう未来を示しています。彼らがそのまま廃業すると、その企業が維持する雇用や技術、ノウハウは即座に失われてしまいます。

彼らの側にいる金融機関や税理士が万全にサポートできているとは言いがたく、このままでは日本経済を支える中小企業は大廃業時代を迎えることになってしまいます。中小企業の廃業は、私たち税理士や皆さんのような保険営業といった、その周りにいるビジネスパートナーの存続すら左右します。事業承継の問題を黙って見過ごすのは、社会的な損失も大きく、ただでさえ少子高齢化で先行きの暗い日本経済に、より大きな影を落とすことになりかねません。廃業を放置することは、私たち自身の首を絞めることにもなりかねないのです。

つまり中小企業の事業承継は国家的な課題であり、その支援はとても社会的意義のある仕事でもあるのです。

保険営業の方々は、金融機関や税理士と同様に中小企業経営者と近いところにいながら、自由に動きやすい働き方をし、有効な解決策である保険を使った提案ができます。その結果、企業の事業承継を支えられるばかりか、一生涯のパートナーとして寄り添える存在にもなれるということを、ここまでの説明で感じていただけたのではないでしょうか。

そうした存在になっていただけるよう、私たちもお手伝いしたいと考えています。その第一歩として、次章では事業承継対策の基本である財務支援についてご説明いたします。

第2章

保険営業だからできる「財務支援」

健全な財務体質なくして事業承継はできない

日本にある企業の9割以上を占める中小企業の経営者が70代となり、30年に一度の「大事業承継時代」を迎えつつあります。

ところが、対策を講じている事業者はあまりに少なく、このままだと日本では廃業する企業が増加し、失業者であふれかえるリスクを抱えています。

こうした最悪の事態にならないよう、保険営業の方々が主体となって、中小企業経営者をサポートしていきましょうというのが、本書のメッセージです。

さらに、そのための手段として保険を活用いただくことで、保険営業自身にも旨味があります。つまり、保険契約への「導線」として中小企業の事業承継をサポートしていただくのです。ここまでが、第1章でお伝えしたことでした。

目的は「企業の存続」であり、会社の財務体質が健全であるべき

・節税や株価対策を重視して会社の財務を毀損させては本末転倒
・磐石な財務体質をもって後継者と従業員が安心できる会社に

後継者は「存在」と「能力」の観点から選ぶ

・親族、従業員に後継者はいるか？　いない場合には戦略的にM&Aも視野に
・後継者には従業員が納得する能力のある人を。いまいなければ万全の準備期間を

自社株の承継は「集約」と「株価」に着目

・株式の分散は安定経営に支障をきたす（可能性がある）
・高額だが換金性のない自社株式の評価は〝適度に〟対策を講ずる

もめない、困らない相続にもきちんと配慮

・事業承継は相続のために行うものではない。しかし、争続は経営に悪影響
・相続税の納税金不足＝会社の資金繰り悪化

図1 事業承継対策4つの柱

では、どうすれば、滞りのない事業承継が実現するのでしょうか。

そのためには、「財務」、「後継者」、「自社株」、「相続」の4要素において、バランス良く対策を考える必要があります。

まず「後継者」がいないことには、事業はバトンタッチできません。

日本では昔から、後継者には経営者の子息をはじめ親族が有力候補に挙がります。親族に有力候補がいない場合は、従業員が継いだり、それでも承継者が見つからない場合はM&Aを選択したりするケースが増えています。

いずれにしても、後継者を見つけるところから始めるのが一般的です。

さらに、後継者は誰でも良いわけではなく、経営者としての能力も求められます。親族や従業員が会社を継ぐとしても、必ずしもその人に経営能力があるとはかぎりません。社長の肩書だけを継いだところで、経営力や判断力がなく、優秀な人材が会社を離れてしまい、企業存続が危ぶまれてしまうこともあります。

つまり、後継者には「存在」と「能力」が求められます。

ですから、後継者の教育は早い段階から始めないと、手遅れになってしまうリスクがあります。

「自社株」の対策は第4章で詳しく解説しますが、ポイントは「集約」と「株価対策」です。

まず「集約」とはその名のとおり、散らばっている自社株をオーナーのもとに集めることを指します。かつての法律では法人を立ち上げる際に最低7人の株主が必要となり、また節税や相続を目的に株式を分散させることも多いため、1社の株式を複数人が所有していることは珍しくはありません。

しかしながら、株式を分散させたままだと、経営の指針が定まらなかったり、株式の所有者から強制的に買い取ってほしいといわれたりするリスクがあります。

下手をすると、所有している株式を会社にまったく関係のない第三者に売られてしまうことや、ときには反社会的勢力のような得体のしれない個人や団体への売却をほのめかされるケースもあるようです。

それを阻止するには、自社や経営者自身がその株を買い取る必要があります。

加えて問題なのが、こういった駆け引きを仕掛けてくる相手の大半は懐がさみしく、なるべく高い金額での買い取りを求めてくることです。時価で1億円など、膨大な金額を要求してくることもあります。最終的には司法の判断を仰ぎますが、予想もしないキャッシュアウトを迫られることもあるため、後継者にとっては大きな損失となります。

先代の影響力があるうちに親族や関係者間に散らばった株式の買取交渉を行い、集約させておかないといけません。

次に「株価対策」は、要するに株式の価値を下げることです。

株式を後継者に譲渡する際、株価が高いと、当然ながらコストがかさみます。

中小企業といえども、業績好調な会社なら、株価の総額が数千万円や数億円となることもあります。そのため、会社の価値を毀損させない範囲で株価を意図的に下げ、自社株の承継コストを抑える対策が必要なのです。

また、経営者の突然の死によって事業承継が起きることもあります。経営者が亡くなると株式は相続という形で後継者に承継されますが、この場合も、後継者は株価に応じた相続税を納める必要があります。当然、株価が高い場合は計り知れない額の相続税を納めなくてはいけなくなるおそれもあるため、この相続税を払うための資金を、後継者に遺しておく必要があります。

また、相続人が複数いる場合は、土地や建物といった分けることができない資産の扱いも検討しておかなくてはいけません。

「相続」の対策については、第5章で詳しく解説します。

つまり、事業承継には何かとお金がかかるのです。

たとえ後継者が見つかっても財務に余裕がなければ、株式の承継といった、事業承継にかかるコストを会社から捻出することもできません。

相続が発生した際も、会社の財務が不健全で後継者に潤沢な給与を払えていない場合は、後継者は相続税が払えず、会社や銀行に借金をしなくてはいけなくなります。

そのため、事業承継を円滑に行うには、「財務」が盤石であることが必須なのです。

「資金繰りは問題ないか」、「財務体質は盤石か」、「節税偏重の対策ばかりをしていないか」などチェックすべき点はいくつもあります。

そもそも、財務が不健全な会社を継ぎたいと考える人はいないでしょう。後継者を指名したところで、拒否されるのが関の山です。財務が悪いと次代にバトンを引き継ぐことすらできないのです。

そこで第2章では、事業承継対策の土台となる「財務支援」について、保険営業の方が中小企業のためにできることについて紹介していきます。

中小企業は黒字でも安心できない

具体的な財務支援策を取り上げる前に、中小企業に関するお金の基礎知識を押さえましょう。保険営業はおろか、実は経営者自身も詳しくない分野であり、ここを理解しないことには的確な支援策の提案はできません。

まずは企業にとって「本当に必要なお金」について考えます。

皆さんは「黒字倒産」という言葉を聞いたことはありますか？

黒字倒産とは、売上が出ていて損益計算書上では黒字であるにもかかわらず、倒産を余儀なくされることです。「会社が黒字で利益が出ているのに潰れるのは矛盾しているのでは？」と疑問がわくと思いますが、決して珍しいことではありません。とりわけ中小企業にとっては、頻出してしまう緊急事態ともいえます。

黒字なのに倒産してしまうのは、手元にキャッシュ（現金）がなく、借入金の返済などができなくなってしまうからです。利益が1億円あったとしても、手元にキャッシュが1円もなく支払いができなくなると、会社は潰れてしまうのです。

黒字倒産になるメカニズムを紹介しましょう。

通常、企業は商品を仕入れてから販売するため、利益が上がる前にキャッシュが出ていきます。例えば、1000万円の資本を持つ中小企業が1500万円分の商品を仕入れ、2000万円で売ったとします。これで500万円の利益が出ます。ところが、仕入れに要する1500万円は翌月払う必要があるのに対して、売上を回収できるのは2ヶ月先などになることがあります。その場合、企業は仕入れ代金を払えずに、倒産します。

これが黒字倒産の仕組みです。財務上は500万円分の利益が出ているのに、資金繰りの問題で事業が立ち行かなくなるわけです。

反対に、手元にキャッシュがあれば倒産はしません。毎年の利益がゼロでも、それどころか赤字であっても、会社が潤沢な現金を持っていて滞りなく外部への支払いができていれば倒産はしないのです。

つまり、会社にとって本当に必要なお金は、「利益」ではなく「キャッシュ」なのです。

なぜ、黒字倒産のような現象が起きるのでしょうか。

それは中小企業の経営者が「利益とお金」の関係を知らないからにほかなりません。商売は商品を仕入れないと成り立たず、手元にお金がない場合は、銀行から借入をして運転資金に充てています。要するに、借入であろうが自社がビジネスで得たお金であろうが、社内にキャッシュがないと事業は立ち行かなくなるということです。

多くの中小企業経営者がこの点を理解していないために、税理士の節税アドバイスに従って利益を圧縮し、社内にキャッシュがなくなり財務体質が悪化してしまうのです。

保険営業が知っておきたい「利益と手残り金」

会社にとって本当に必要なお金は「キャッシュ」であるとお伝えしましたが、この「キャッシュ」を正確に把握できていない経営者も多くいます。

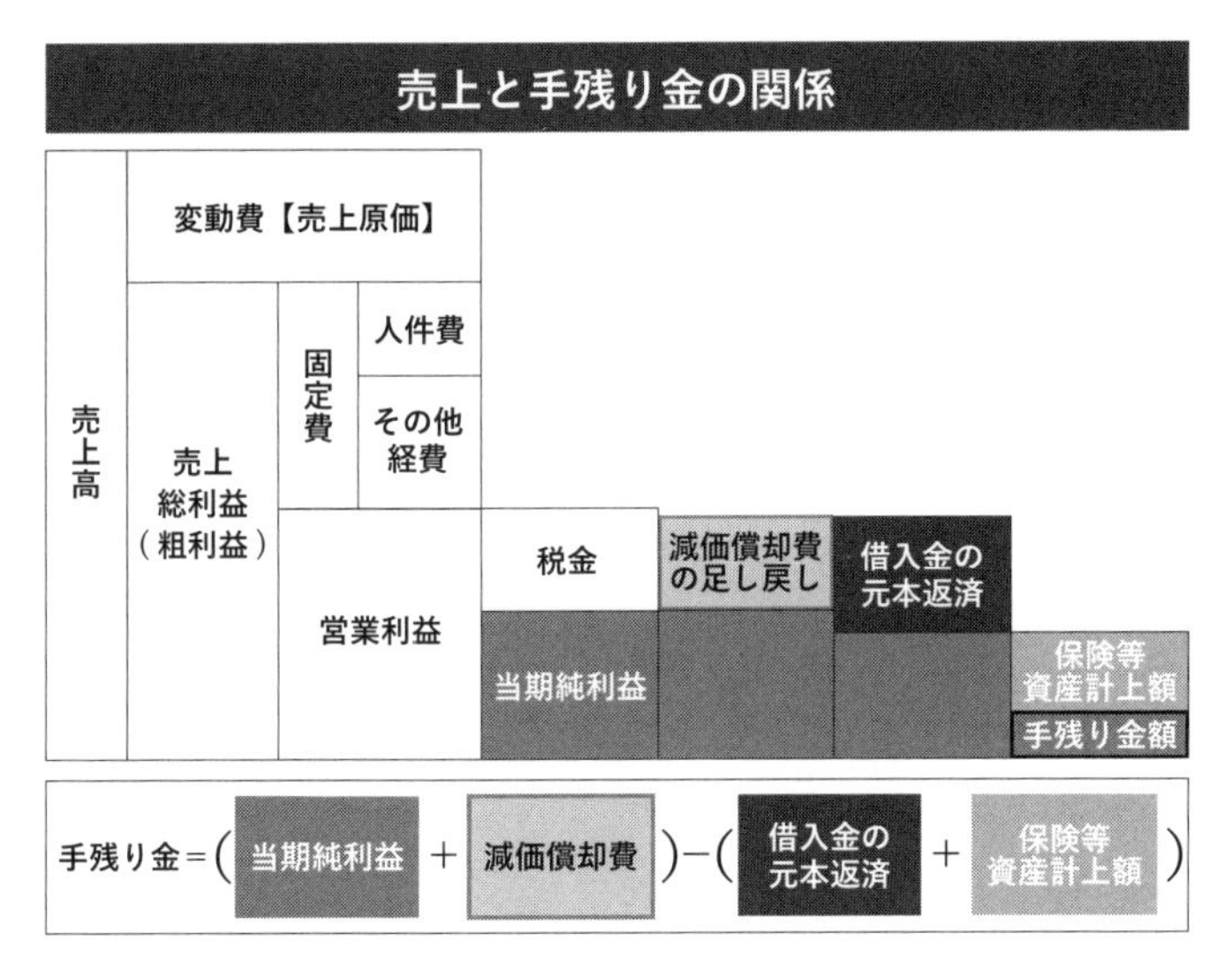

図2 売上と手残り金の関係

図2は、企業における売上高から、最終的に手元に残る手残り金まで、川上から川下までのお金の流れを示した図です。

ご存じのように、「売上高＝利益」ではありません。ここから商品の仕入れや製造にかかった「変動費（売上原価）」を引くと「売上総利益」、いわゆる「粗利益」が残ります。一般的にはこの売上総利益が、その年度中の儲けと認識されています。

ですが、お金の流れはここで終わりではありません。

売上総利益から人件費やその他経費

などの「固定費」を支払い、その結果残るのが、企業が本業で稼いだ利益である「営業利益」です。企業の営業成績を示す重要な指標のひとつです。

さらに、企業は営業利益に応じて法人税をはじめとする税金を納める必要があります。これを差し引いて残るのが、その事業年度で稼いだ最終的な利益である「当期純利益」です。経営活動の成果といえるでしょう。この数値がプラスなら当期純利益、マイナスなら当期純損失となります。

多くの中小企業経営者は、この当期純利益を自社のお金だと思っています。しかし、実際は違います。

ここに、建物や社用車などの固定資産の購入に伴う減価償却費の足し戻しをしなければいけません。これは、例えば事業のために建築した社屋などの建物は50年間は使えるため、購入した事業年度のみの経費として計上するのは、費用と収益の対応という観点で考えると不適切だからです。「50年に分割して経費計上すべき」というのが法的な考え方であるため、一度、当年の経費として計上されたコストを、減価償却費として足し戻す必要があります。その結果、会社の資金は増えることになります。

ですが、これでまだ終わりではありません。

借入金がある場合は、元本を返済する必要があります。借りたものを返すだけなので経費にはならず、損益計算書に乗ってこない項目です。この辺りになると、あまり理解していない経営者が多い印象を受けます。

さらに、保険など資産に計上された科目もお金が出ています。

このように、最終的に企業の手元に残るお金は、実はあまり多くないことがわかるはずです。その事業年度に建物などを購入していれば、なおさらでしょう。

いま一度、図2の左から右に視線を移してみてください。売上や利益があれだけあったとしても、手残り金はごくわずかなのです。

こういった数字を把握していない経営者も多いため、会社のなかにお金がなくなり、利益が出ているのに倒産する憂き目に遭ってしまうのです。

中小企業経営者の節税に潜むリスク

先ほど紹介した図2を見ていただくと、中小企業の経営者が節税に励む理由もわかるかと思います。法人税などは営業利益に対して課税されるため、この部分を節税商品によって帳消しにしたいのです。

ところが、コストを支払い、企業の手残り金が減っているところで節税商品を買うため、課税対象となる営業利益は減ったとしても、会社のお金が足りなくなってしまいます。その場合は金融機関からお金を借りますが、その結果、借入金の元本返済が増え、翌期の当期純利益を食いつぶしていくことになります。当然ながら財務は悪化の一途を辿り、行き着く先は資金のショートと倒産です。

ここからわかるのは、多くの中小企業経営者が「良かれ」と思って取り組んでいる節税が、実際には逆効果となり、自らの首を絞めているということです。

経営者と親しい保険営業の方であれば一度くらいは、節税の話題になったことがあるのではないでしょうか。良かれと思って法人向けの節税商品を扱ったことがある方もいるでしょう。もちろん、それが中小企業の継続に貢献するのであれば問題はありません。むしろそれこそがＭＤＲＴをはじめとするトップ保険営業の役割であったに違いありません。

ところがなかには、不動産会社からコミッションを得るために投資用の不動産を紹介してくるなど、自身の利益のために様々な節税商品を売りつけてくる事業者もいます。「社内にお金があると株価が高くなって事業承継のときに困るので、節税商品を買うなどしてお金を減らしておきましょう」などとアドバイスし、財務に余裕のない、吹けば飛ぶような会社にしてしまう「専門家もどき」がいるのも事実です。

その結果、経営者は会社のためにも自分へのご褒美にもなると信じて、外車やクルーザーを買ってしまうのです。それが会社の首を絞めていることや、周囲からは道楽にしか映らずイメージダウンに繋がっていることにも気づかずに、です。

節税は一見して理にかなったことのように思えますが、実はとても大きなリスクのある行為なのです。あなたの目から鱗が落ちたように、この事実を経営者に伝え、節税という悪手から救ってあげることは、保険営業の役割でもあります。

保険営業が知っておきたい「節税と内部留保」

経営はいつ、何が起こるかわかりません。

2020年は新型コロナウイルスが突如として世界を襲い、日本国内も甚大なる被害を受けました。その傷は癒えることはなく、事業の継続や経営の立て直しに奔走する経営者は少なくありません。

こうした不測の事態に備えて、会社はたとえ売上がなくなったとしても会社や従業員を守るための準備をしておく必要があります。その準備とは、お金を貯めておくことと、危機的状況に陥っても銀行がお金を貸してくれる財務体質をつくることです。

そのためには、借入金や株主からの出資ではなく、自社事業の利益により調達した当期純利益を積み重ねることが大事です。つまり、「内部留保」の積み重ねです。

潤沢な内部留保があることは潤沢なキャッシュがあるということを意味するため、利益が出ていながら倒産する「黒字倒産」を迎えるリスクもかぎりなくゼロに近づきます。財務体質が良好な会社には銀行も融資をしやすく、危機的状況下に陥ったときも手を差し伸べてくれるでしょう。

言い換えると、利益を積み立てた内部留保がある会社は、強い会社なのです。

逆に、節税商品を買ってばかりいると内部留保は減り続け、いつまでたっても財務体質は改善せず、どれだけ頑張って稼いでも資産が貯まらない会社になってしまいます。個人に置き換えるとわかりやすいでしょう。たとえ年収5000万円の超エリートでも、車や家、服、食事、娯楽などに浪費しているとお金は貯まりません。たとえ将来性のある人でも、浪費癖がある人を周りは心の底から信用するでしょうか。公の立場である法人であればなおさらでしょう。

そもそも、いずれ事業承継を迎えたとき、現金がなく借金しか残っていない会社を継ぎたいと思う後継者などいるのでしょうか。

私たちが知るかぎり、節税を目的に会社を興した人はいません。

もし、皆さんの身近に節税にのめり込んでいる経営者がいるとしたら、「なぜ事業を始めたのか」と聞いてみてください。それさえ思い出してもらえれば、節税ではなく、内部留保の積み重ねによる財務体質の改善こそが、会社を守り存続させる絶好の手段だと気づいてもらえるでしょう。

貸借対照表を見れば内部留保はまるわかり

自社の財務体質を強くするには内部留保の積み重ねが大事とお伝えしました。では、どれくらいの内部留保があれば安心なのでしょうか。

明確な基準は設けられていませんが、自己資本比率で50%程度あると安心といわれます。少なくとも20%以上は目指したいところです。

仮に10億円の資産があるとしたら、50%なら半分の5億円が自身のお金ですから、かなり盤石な経営状況といえるでしょう。実際のところ、上場企業の自己資本比率は20％前後であることが多く、１００％に近い無借金経営の企業もあるほどです。

とはいえ、借入金などの他人資本を入れていないということは、自社の財布のなかでのみ経営を行い、投資などの新しいチャレンジをしていない企業と見られることもあります。金融機関や投資家、見る人によって会社の評価は異なるのです。

外部の人間が企業の内部留保を確かめるには、貸借対照表（Ｂ／Ｓ）を見れば一目瞭然です。貸借対照表は左側に資産、右側に負債を示しており、下段に明記している「純資産」が内部留保にあたります。

貸借対照表には、経営者の性格が如実に現れます。私たち税理士のように、その意味を読み解ける人が見れば、経営方針が一瞬でわかります。

例えば、創業から20年も経つのに内部留保（純資産＝資産－負債）がまったくない会社があるとします。何らかの要因で事業が低迷している可能性もありますが、20年も事業を維持しているのに内部留保がないのは不自然です。よくよく調べると、経営者が節税にハマっていたため社内にキャッシュが残っていなかった、ということはよくある話です。

あるいは金融機関から借りたお金を、知り合いの経営者や付き合いのある法人に貸したり、クルマやヨットなど自分自身の趣味に使っていたりするかもしれません。

事業のためにと思って貸した銀行側からすると、とんでもないことです。

いずれにしても、企業の命ともいえるお金をぞんざいに扱う会社を助けようとする金融機関などはありません。せいぜい、業績が良いときに貸してくれるだけです。

もちろん、そんな会社ではもしものときに従業員を守ることはできず、誰も継ぎたいとも思わないため、事業承継は難航してしまうでしょう。

保険営業だからできる財務支援がある

中小企業の経営者が、こうした無軌道な経営をしてしまうのも、正しい資金調達の手段やお金の使い方を教えてくれる人が周りにいないからです。

経営者仲間は事業運営のプロではありますが、財務に精通しているわけではありません。むしろ、節税テクニックの情報交換で盛り上がっているかもしれません。

　第1章でもお伝えしましたが、税理士は税金のプロであり、財務のプロではありません。クライアントの企業は税理士に対して税務の支援を求めているのであって、税理士も自身の守備範囲外の分野で相談されても、答えることはできないかもしれません。

　また銀行も営利機関であるため、優先するのは自行の利益であり、企業にとって正しい融資方法を提案するとはかぎりません。


　つまり財務支援においても、経営者を側でサポートできるのは、ＭＤＲＴをはじめとした保険営業の方々なのです。

　とはいえ、皆さんも専門は保険であり、財務のプロではありません。白羽の矢が立つのはお門違いと思うかもしれません。


　ですが考えてもみてください。成功している保険営業の方の多くは、人当たりが良く、コミュニケーション力の高さは折り紙つきです。狭き門であるＭＤＲＴを突破した人や、そこに手が届きそうな人であればなおさらです。

　正直なところ、一般的に堅物といわれる税理士や銀行マンでは到底太刀打ちできない、人を惹き付けるキャラクター性を持っています。だからこそ経営者も心を開きやすく、公私ともに距離感が近いケースも珍しくないと聞きます。そんな親密な間柄だからこそ、会社の根幹である財務についてのアドバイスにも、耳を傾けていただけるでしょう。

また、保険営業は財務支援自体で利益を生み出せないということもポイントです。正直なところ保険営業の方にとって、企業の財務を支援することはほぼボランティアのようなものです。

しかしだからこそ、経営者からも「邪な思惑はない」と、信用していただけるのです。

企業存続は「成長」と「承継」のサイクルの繰り返しです。成長支援のあとには、事業承継を必ず見据えます。事業承継対策においては保険を活用していただけるため、そこで保険営業の方も自社のビジネスと結びつけられます。そのためには企業の財務に余裕がなければいけないため、最初の一歩として財務支援から始めるのです。

「企業の財務を立て直す→事業承継の対策を始める→保険を契約していただく」と、先の長い道のりのように思えますが、保険の需要が下がっているいま、確実に需要を掘り起こせる貴重な手法だと考えます。

では、企業の財務支援において、保険営業の方々は具体的にはどういったことができるのでしょうか。代表的な3つの手法を紹介します。

支援策① 逆算して財務体質計画を立てる

財務の立て直しは、まず経営者に、数字と向き合っていただくことから始めます。

数字を意識しない経営は、成り行きで事業を展開して、結果的に残ったお金を利益とする、いわば「結果経営」です。売上高1000万円であっても、固定費などを払った結果、手元に残る利益は30万円程度になるということはよくあります。これでは事業は安定しませんし、目指す姿も手に入りません。

企業に必要なのは、ビジョンから逆算して目指すべきミライ（事業計画）を決定し、そのミライと現状とのギャップを正確に把握して、数字・成果・行動指標を設ける「成果」

重視思考の経営です。そのためには、年度や期の最後に残したい金額から逆算して財務計画や事業計画を立てる必要があります。

具体的には、1年後や3年後の利益目標を立て、それを達成するためには月次単位でいくらの売上が必要なのか、経費はどれくらい減らせばいいのか、どのような行動と成果を求めればいいのかなどを考えて実行し、毎月の進捗をモニタリングします。

家計の改善でも、目標とする貯金額を先に決めて、そこから逆算して節約や資産運用を検討します。家計も企業財務も、規模が異なるだけで考え方は変わらないのです。

例えば、毎年の返済が5000万円ある場合、会社を前進させるためには少なくとも5000万円以上の利益を残す必要があります。原価率や固定費などの数字はたいてい決まっていますから、5000万円残すことを目標に逆算していけば、「実現のためには2億円の売上が必要」といったことが明らかになるはずです。

いまは新型コロナウイルスの影響を受け、期間限定の特別融資を受けている企業も多いでしょう。その返済が3年後から始まるなら、それに向けてどれくらいの売上アップや経費節減が必要なのかといったことも、あらかじめ計算しておく必要があります。

要するに、「計画を立てて日々の行動を考えましょう」「行き当たりばったりの経営だと倒産しますよ」という、とてもシンプルなことなのです。

しかし、数字から目をそらす経営者が多いのも事実です。

先ほど見ていただいたように、売上から利益が算出されるまでのあいだにはいくつもの調整が入り、「逆算して考える」といっても簡単なことではありません。

必要な売上がわかったとしても、そのためには仕入れ額を上げる必要もありますし、借入金が発生すれば、目標とする利益額も変わってくるかもしれません。

決算書の基礎知識を持っている経営者であっても、ひとりですべてを把握して管理するのは大変なことなのです。だから、「お金のことは税理士に任せているから」と、つい目を背けてしまうのです。

そこで保険営業である皆さんが財務コンサルタントとして、経営者に数字を意識させる役割を買って出るのです。先述した五島聡さんの塾に参加している保険営業の方たちは、財務についてしっかり学んだうえで、企業の財務改善にも深く関わっています。なかには、コンサルタント業に軸足を移すほど才能が開花した人もいるほどです。

コンサルタント的役割の比重が重くなると、中小企業診断士や既存のコンサルタントとビジネス領域がバッティングすると考える人もいるでしょう。

中小企業診断士は、「こうした会社にしたい」「こんな展開を目指したい」といった、経営者のビジョンや事業計画には寄り添います。しかし、利益や売上にフォーカスしているわけではないため、収益性や実現可能性の点に疑問が残ります。保険営業の方も、数字を根拠にした実現度合いの高いコンサルを提供できれば、優位性を発揮できるでしょう。

また大手のコンサルタント事務所は、年商30億円といった大手企業が対象で、コンサルティングフィーも月数百万円と、中小企業では手が出ません。

彼らとバッティングする可能性は低く、コンサルタント的立ち位置の保険営業は多くの中小企業から求められるでしょう。

支援策② 決算書を良くする

「決算書を良くする」とはつまり、「資産の内容を良くする」ことです。これは、急な資金調達の必要性に備えるためです。次のページに示したふたつの貸借対照表ですが、銀行はどちらの企業に融資するでしょうか。

正解は左側です。資産が10億円あったとしても、その大半が株式や知人の会社への貸付金、収益を生み出さない自社ビルや高級車などである会社には、銀行はお金を貸したがりません。なぜなら、どれも「すぐに現金化できない」資産であるため、銀行は貸したお金が焦げ付いて返ってこないリスクを恐れるのです。

これでは、不況や天災といった万が一の事態によりお金がなくなった際に銀行に助けてもらえません。すぐに改善する必要があります。

具体的には、無駄な節税をやめてもらう、多すぎる役員報酬を減額する、貸付金を回収

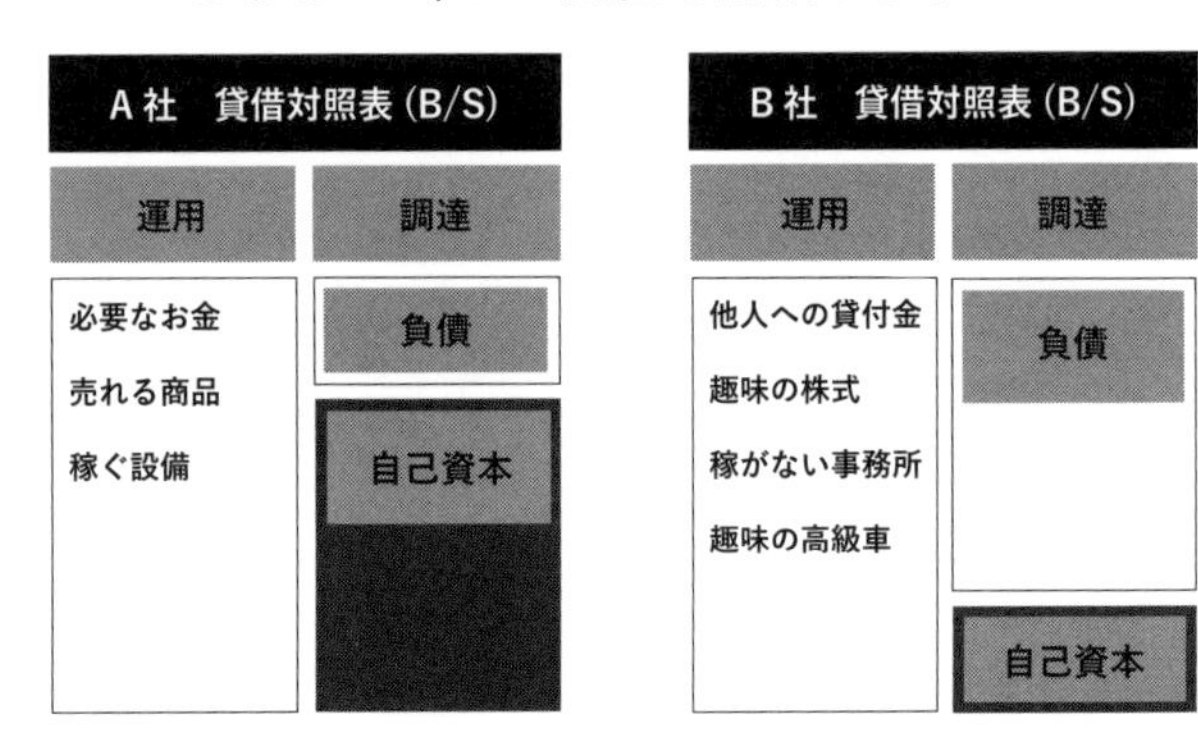

図3「良い決算書」とは

するなど、提案できることはたくさんあります。私たちの場合、交際費もかぎりなくゼロにするようお願いします。「どうしても必要な交際費がある」と食い下がる人もいますが、「会社の立て直しが最優先なので、その分は自腹で出してください」と答えます。それくらい厳しくしないと、外からコンサルタントが入る意味がありません。ただし、こういったドラスティックな財務改革を断行できれば、5年もあれば業績は黒字化し、内部留保も貯まっていくでしょう。

また、決算書を良くするとは、「銀行の格付けを良くする」ことでもあります。これは銀行に信用されるためにとても重要なことです。

銀行格付けとは、13項目129点満点のチェックリストを基に企業を格別する仕組みのことで、銀行はこの格付けを判断材料として融資を検討します。評価は1（超優良先）から10（破綻先）までの10段階で、7（要注意先）まで落ちると、基本的には融資を受けられません。

もともとは、バブル崩壊のあおりを受けて貸付債権が不良債権化したことがきっかけにできた仕組みです。金融機関の経営破綻を免れるため、融資先を債務者区分することを目的に、1997年に公開された「金融検査マニュアル」に基づいて運用されていました。

ところが金融機関がこの格付け評価の高い企業ばかりに融資するようになった結果、「雨の日に傘を取り上げ、晴れの日の傘を貸す」と揶揄されるような、財務（決算書）・担保・保証を過度に重視した融資が増えたため、「金融検査マニュアル」自体は2019年に廃止されることになりました。現在は企業の事業内容や成長可能性なども適正に評価して融資する「事業性評価」にシフトしました。

しかしそれでも、旧来の評価手法を重んじる金融機関は依然としてあります。決算書の内容は資金繰りに大きく影響しているため、銀行格付けを考慮した決算書づくりは現在でも有効となっているのです。

金融機関による格付けの内容や結果は企業に伝えられずブラックボックスになっていますが、評価項目は公表されています。配点が高いおもな項目は以下のとおりです。

- 自己資本比率（自己資本÷資本合計）
- ギアリング比率（有利子負債÷自己資本）
- 売上高経常利益率（経常利益÷売上高）
- 総資本経常利益率（経常利益÷純資産）
- 債務償還年数（借入合計÷［営業利益＋減価償却費］）

ほかにも複数の項目がありますが、基本的に、自己資本比率や利益率の低い会社は良い評価を得られず、経営に困ったときに融資を受けられない可能性が高くなります。

高配点項目が改善するよう、決算書の内容を時間をかけて良くしていくしかありません。

格付けの仕組みに基づいて財務状況を改善していくと、銀行からの借入のしやすさは劇的に変わります。格付けについては知識がない税理士は多いため、経営者はアドバイスやサポートを求めているでしょう。

支援策③ 銀行と正しく付き合ってもらう

銀行は、なにも資金を貸したくないわけではありません。収益性が見込めて、透明性がある健全な会社には、喜んで融資をしたいと考えています。

懐事情を知られるのが嫌で決算書を隠す経営者もいますが、それは逆効果です。お金を貸す側からしたら、貸したお金がどのように使われているか気になるのは当たり前です。

銀行の担当者を事業計画発表会に招待したり、毎月の試算表を見てもらい経営会議に同席してもらったりするなど密接な関係を構築した方が、信頼感は増すでしょう。銀行は企業のパートナーであり、正しく一緒に付き合っていく意識が大切なのです。

銀行と関係性を深めることができれば、資金繰りが劇的に改善する資金調達に応じてくれることもあります。例えば、会社の運転資金が短期借入や約定弁済であると、つねに返済が発生し、企業の資金繰りは安定しません。

しかし借入期間が長く、月々の返済負担が軽い長期借入や、返済が不要な当座や手形貸し付けといった調達方法に切り替えられると、企業の資金繰りにかなりの余裕が生まれます。毎月600万円の返済をしていたのが、当座貸付で1年間通して借り続けることができ、返済と同時に新たな融資を受けられるようになれば、実質的に返済はゼロになります。劇的な改善といえるでしょう。

ただし長期貸付は銀行側からすると回収不良になるリスクのある方法なので、信用できない相手には貸し付けできません。だからこそ、銀行とお互いに信頼し合ったパートナー関係を築くことが大事なのです。

日ごろから財務に関する情報を開示し、その内容に問題がないとわかってもらえて初めて応じてもらえます。保険営業はそのための財務支援を行いましょう。そして改善したからといって経営者が再び節税に走らないよう、お目付け役にもならないといけません。

経営者の意識が変わると財務も変わる

会社の決算書は、経営者の通知表といえるでしょう。どこを目指し、そのために何を決断し、実行し、その結果はどうなったのか。経営者の意識や過去の行動、そして能力までもが、否が応でも数字となって現れます。だからこそ、銀行も内容を重視しているのです。私たちも「貸借対照表は口ほどにものを言う」と考えているほど、経営者の意識は貸借対照表に現れているのです。

経営者の多くは損益計算書に現れる利益にはフォーカスします。しかしながら、本質的に着目すべきは、経営の結果たる利益の積み上げが表示される貸借対照表なのです。

これは裏を返せば、「経営者が変われば決算書も変わる」ということでもあります。

経営の目的は利益の最大化です。それを自覚し、必要な投資や出資を行えている企業は、お金に困らない経営体制を実現できていて、決算書の内容も良いものになっています。

反対に、経営者が節税に明け暮れ、事業の本来の目的を見失っているような企業は、経営体制に弱点が多く、その脆弱性は決算書にも現れています。
経営の目的の再確認、これができるのは経営者のみです。
経営者は自社にとって有利な融資に応じてもらったり、困ったときに協力してもらえたりする体制をつくるために尽力すべきでしょう。いざというときに会社と社員を守れて、次代に引き継ぐことができる財務体質を築いていくことが、経営者の使命なのです。

本来であれば、経営者は自身の役割に自ら気づき、改善に向けて行動を起こすべきです。しかしすべての経営者が財務に精通しているとはかぎらず、正しいことを教えられる存在が周りにいなかったため、間違った情報や助言により節税に傾倒してしまうのです。そこで、こうした役割を保険営業の方に担っていただきたいのです。

企業の財務を立て直したあとは、いよいよ事業承継に向けた準備が始まります。ここでようやく、保険営業にとっての旨味が訪れます。保険を頼ってもらえるよう、財務支援によって固い信頼関係を結んでおきましょう。

第3章

保険営業が知っておきたい「事業承継」の知識

30年に一度のイベント「事業承継」とは

企業の財務が改善されてきたら、ようやく事業承継の対策を考えていきます。
そこで、具体的な対策を講じていく前に、まずは事業承継対策の全体像を把握しておきましょう。本章では、第1章で触れた事業承継について、経営者がおかれた状況やリスク、そしてそのニーズの発掘方法など、より詳しく解説します。

事業承継とはその名のとおり、事業に関するすべてのものを後継者に引き継ぐことです。日本では2010年代以降に中小企業の事業継続が懸念されるようになるとともにこの用語が使われ始め、社会的にも注目されるようになりました。その懸念はいまだ健在で、第1章でもお伝えしたとおり、日本は大廃業時代を迎えようとしています。

なぜ事業承継がこれほどまでに問題視されるようになったのでしょうか。
それは、平成という時代を経て日本に起きた変化が関係しています。

本来、経営者は高齢になると身内や従業員などに事業を譲ることで、企業自体を存続させてきました。その周期はおよそ30年と言われています。30歳で起業し、体力や思考力の衰えを感じ始める60歳で経営を退き、隠居生活に入る。ひと昔前なら、こうしたタイミングで事業を譲っていました。

ところが、日本人の平均年齢が上がるとともに中小企業の経営者も高齢化し、この20年間で中小企業経営者の平均年齢は47歳から66歳に延びました。そして以前は60代前半で衰えを実感して引退していたのが、いまはその衰えを感じる人が少なく、70歳を超えてなお第一線で活躍する経営者が多いのです。その結果、子供世代も自分たちのキャリアをある程度積んでしまっているため、積み上げたキャリアをリセットしてまで事業を継ぎたいと考える人は少なくなっているのです。

平均寿命や健康寿命が延伸したことに加えて、世間の価値観の変化も関係しています。昭和の時代は長男が家業を継ぐのは当然でしたが、いまはそうではありません。「親が敷いたレールの上を歩きたくない」と考え、継がないという選択をする人は珍しくなく、法制度においても当たり前のこととはされなくなっています。「いつかは継ぐと言ってくれるのでは」と思いながら、年老いても踏ん張っている経営者だっていることでしょう。

一方で親世代、つまり現役の経営者たちの意識も変わりつつあります。現代は社会の変化が目まぐるしく、様々なビジネスが世に現れては消えていきます。その変化に耐えられず、斜陽産業となってしまった自社を継がせたくないと考える経営者も多いようです。

このような背景があり、事業承継が容易ではないなかで、中小企業経営者は自らの手でなんとか事業を継続してきました。しかし、高齢化もあり、いよいよ限界を迎えつつあります。

ところが、「関係者との相談や調整」「後継者の選定や決定」「事業資産の整理や移転」といった準備ができている企業が多いかというと、そうではないようです。多くの企業は後継者が不在であり、事業承継の準備が一切できていません。このまま放置すれば手だてはなくなり、廃業を選ぶ経営者が急増してしまう可能性は否定できません。

経営者は疑心暗鬼になっている

　これまでお伝えしたように、経営者の周りには事業承継について相談できる相手がおらず、経営者自身も事業承継に詳しいとはかぎりません。

　対策をしなくてはと思いつつも、何から始めれば良いかわからないため動きようがなく、その結果、あと回しにしてしまいがちなのです。

「株式を移せば良い」くらいの知識はあっても、そのためには多額の資金や、株式が分散しない取り組みが必要だということまで知っている方は、ほとんどいないでしょう。

　知識が足りないからこそ、自ら聞きかじった知識であまり効果的ではない手段で対策を始めてしまっているケースもよくあります。

　例えば、年間110万円までの贈与には贈与税がかからないと聞き、毎年110万円ずつ株や資金を子供に渡している経営者はよくいます。たしかに、これは間違った対策ではなく、やった分だけの効果は得られます。

とはいえ、資産総額が億単位の企業経営者がこの対策をとっても、焼け石に水の気休めにしかなりません。事業が順調に成長していれば株価も年々上がるため、毎年110万円を移したところで、経営者個人の資産総額はいっさい減っていないということもあります。そうなると、この対策に意味があるのかどうかは疑義が残ってしまいます。

また、安易に「贈与する相手を増やせば、その分、節税効果が高まるのでは？」と考える経営者もいるでしょう。たしかに、会社を継ぐ予定の長男と、経営には関わることのない長女と次男、計3人の子供に贈与をすれば年間330万円分の株式が移転でき、節税対策の効果は高まります。

ところがこの手法だと、最終的に会社の株式が複数人に分かれ、経営権も分散してしまいます。経営権の分散は将来の争いに発展する可能性もあり、おすすめできる対策とはいえません。

ほかにも、銀行をはじめとする金融機関からアドバイスを受けることもあります。例えば、株式の承継対策で最も効果的である、一時的に株価を下げる方法についてです。株価を下げる方法はいくつかあり、株価が下がった時点で譲渡をすれば、その分、譲渡のコス

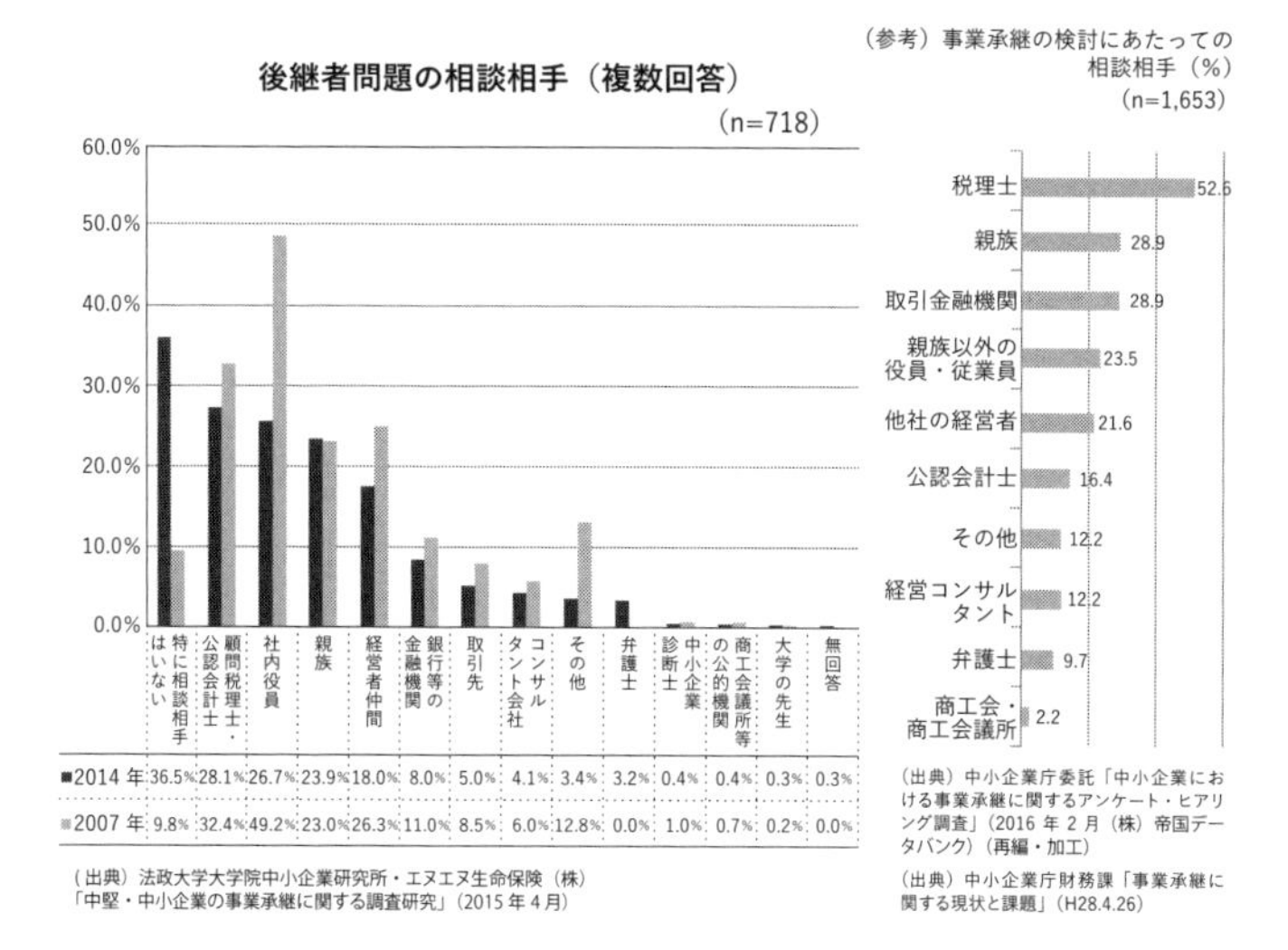

	特に相談相手はいない	顧問税理士・公認会計士	社内役員	親族	経営者仲間	銀行等の金融機関	取引先	コンサルタント会社	その他	弁護士	中小企業診断士	商工会議所等の公的機関	大学の先生	無回答
■2014年	36.5%	28.1%	26.7%	23.9%	18.0%	8.0%	5.0%	4.1%	3.4%	3.2%	0.4%	0.4%	0.3%	0.3%
▒2007年	9.8%	32.4%	49.2%	23.0%	26.3%	11.0%	8.5%	6.0%	12.8%	0.0%	1.0%	0.7%	0.2%	0.0%

図4 事業承継問題の相談相手

トも抑えられます。翌年には株価が元に戻ったとしても、すでに他人の譲渡した株式についてさかのぼって譲渡費用が求められることはありません。

たしかに、経営者と後継者にとっては悪い話ではありません。ただし、銀行は営利企業ですから、株価を下げる手段として不動産の購入や、そのための融資を提案してくるなど、自行の利益に結びつけざるを得ません。提案してくるのは自行の商品が売れるスキームであって、必ずしも企業のことを第一に考えて提案できるわけではないのです。

銀行からのこういった提案に不安を

感じて税理士に相談しても、事業承継に詳しい税理士でなければ、望むような助言は得られないでしょう。

そのため経営者からすると、様々な関係者から情報やアドバイスを与えられるばかりで、何が正しいか判断できず、疑心暗鬼になってしまいます。

自社に対して親身になって相談に乗ってくれる支援者が近くにいないため、誰に何を相談して良いかわからず、右往左往したままの経営者が多いのです。

実際図4のようにアンケートにおいて、後継者問題の「相談相手がいない」と回答した経営者は全体の4割近くで、最多回答であったというデータもあります。

事業承継に向けて、誰を信じて何から手を打てばいいかわからず、結果的に対策が進まないという状態にあるのが、中小企業の経営者がおかれた状況です。

事業承継は成長戦略のひとつでもある

事業承継は実態がわからないばかりに、経営者は数多くの不安を抱えています。

「後継者は誰にするべきだろう」

「自社株にかかる相続税や贈与税はどれくらいになるだろう」

「引き継いだあとの経営は問題なく続くだろうか」

こういった漠然とした不安に悩まされるばかりで、相談できる相手も、具体的な解決策を示してくれる支援者もいないのです。そのため、これらの課題と向き合うことを先延ばしにしてしまっている経営者は少なくありません。

加えて、事業承継は手間がかかるばかりで企業価値の向上には関係しないという認識もあるため、真剣に対策を検討する経営者は少ないのです。ましてや自分の引退後や死後の話ですから、考えたくない気持ちもわかります。

しかし、今日まで育ててきた会社を今後も存続させたいと考えるのならば、何らかの取り組みは必須です。そしてそれは、単なるリスク回避のためだけではなく、会社に利益をもたらすためでもあるのです。

なぜなら、自社株対策や相続税対策をすれば、承継にかかるコストは数千万円レベルで減らせることも少なくないからです。会社の資金を給与などで後継者に渡し、承継コストに充てることもあるため、承継コストを減らすことは、会社の利益の増幅、つまり企業価値の向上と捉えることもできます。

何よりも、事業承継は経営者にしかできない最後の大仕事です。財務を改善して低コストで事業承継を実現させれば達成感を得られ、後継者や残された従業員からも感謝されるでしょう。反対に、企業価値の上がらない面倒なイベントと捉えると、承継後のビジネスにマイナスの影響を与えかねません。

つまり大事なのは、事業承継を、自社を成長させるための手段であり、事業成長や経営戦略のひとつだと、経営者に思ってもらうことです。

事業承継の「人的」「物的」リスク

会社の承継といっても、会社は様々な要素の集合体であり、単純に「会社を手渡す」ことができるわけではありません。

事業承継は、具体的には代表権を委譲する「人的承継」と、自社株や土地などの財産を承継する「物的承継」に大別することができます。それぞれについて考えていくべきことの流れを示したのが、次ページの図5です。

この「人的承継」と「物的承継」には、しっかりと対策をしておかないと、大きなトラブルを招くリスクが潜んでいます。

まず「人的承継」、つまり後継者について。

これは親族内に後継者候補がいれば、それほど問題にはならないでしょう。

ですが、候補がいない、もしくはいたとしても経営能力が期待できない場合は、対策を考える必要があります。

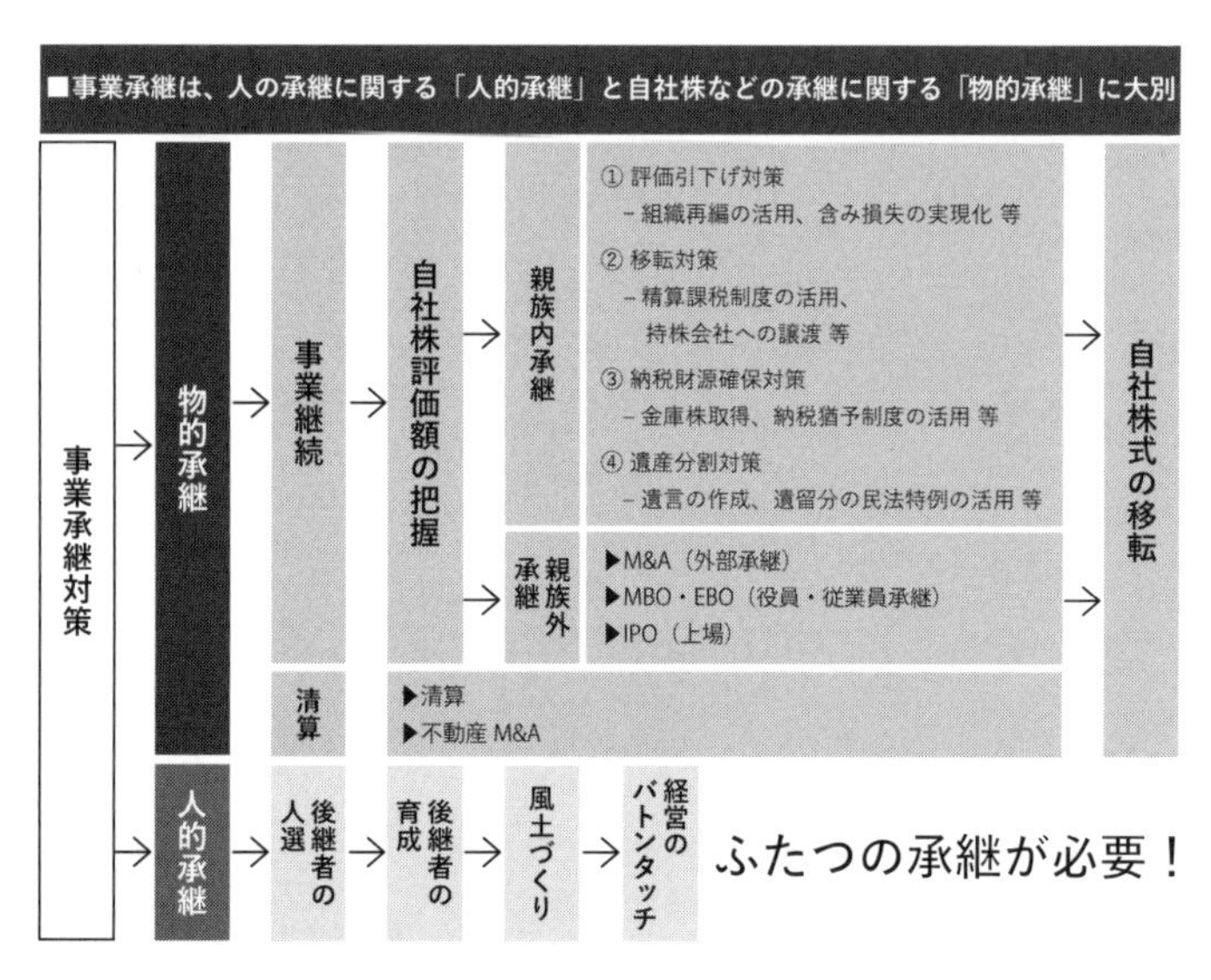

図5 事業承継対策の概要

親族内に候補者がいない場合は、役員や従業員に白羽の矢を立てることになります。引き継ぐ覚悟がある役員や従業員がいれば、承継手法の検討、後継者資格の確認、保証人となる覚悟の確認へと進みます。

ここでネックとなるのが保証です。現経営者に億単位の個人保証があった場合、それを負うとなると、生半可な気持ちでは引き受けられません。株式を受け取るのにもお金が必要となるため、この点の事前確認は必須です。

親族にも社員にも後継者が見つから

ない場合は、M&Aを選びます。ビジネスモデルに魅力があったり、業績が好調であったりする会社なら、買い手は見つかるでしょう。M&Aの場合は、金融機関や専門の事業者などを通じて売却先や売却対価を検討し、条件交渉へと進みます。

ところが、この不況の時代、都合良く自社を買いたいと思ってくれる人や企業が現れる可能性は、それほど高くはないでしょう。

また、自分が手塩にかけて成長させた会社を第三者に手渡したくないという経営者もいます。その場合は、事業清算という選択も考えられます。会社に借金がなければ、それほど苦労することなく遂行できるでしょう。しかしこの場合、従業員は職を失うことになります。これまで共に頑張ってきた仲間を路頭に迷わせるわけですから、この選択はできれば避けたいところです。

ほかにも、経営者の突然の訃報により親族が株式を相続することもあります。相続人のなかに会社を継ぐ覚悟のある人がいれば良いですが、相続人全員が相続を放棄した場合、株式は裁判所によって、特別縁故者と呼ばれる、故人に近い関係者に譲渡が投げかけられます。特別縁故者が承諾して株を買い取れば、事業はその人に承継されます。しかしそこでも拒否されると、株式は最終的に国が所有することになり、事業は国有化となります。つまり後継者の候補がいなかったばかりに、社員は路頭に迷い、会社も国のものとなってしまうリスクがあるのです。

「物的承継」につきまとうリスクも挙げましょう。最も注意すべき点は、自社株についてです。株式の集約、株価の対策、相続税の対策、遺留分の対策などをしている場合と、していない場合では、承継時のコストに雲泥の差がでます。

例えば株式集約対策についてです。議決権を保持するために、経営者が総株式の3分の2を保有していることは多いですが、残りの3分の1を親しくない親族やその子供が相続によって取得していることもよくあります。すると、思わぬタイミングや金額で買取請求をされ、予想外のキャッシュの流出を招くかもしれません。本来であれば、後継者が100%の株式を保有するのが望ましく、現経営者の影響力があるうちに集約を進めておくべきです。

また株価対策をしていないことで負担を被るのは、後継者であり自社であり社員たちです。対策を怠っていたために、予定しない資金流出などが起こり、会社の存続を危ぶませてしまうかもしれません。

「人的承継」と「物的承継」、どちらかが万全であれば良いわけではありません。リスクがひとつでも残っていると、そこから組織は瓦解していきます。事業承継は守りの経営戦略であり、守りだからこそリスクは完全に排除すべきなのです。

事業承継対策は10年がかりで取り組む

後継者の候補がいるからといって、事業承継が必ず成功するとはかぎりません。それは、後継者の「存在」に加えて、本人の「能力」も重要な条件であるからです。

「自分の子供だから継がせた」「何でも言うことを聞く役員だから選んだ」など、本人の能力を問わずに会社のかじ取りを任せてしまうケースは多々あります。能力のない人が経営者になっても、役員や従業員はおろか、取引先もついてこないですし、銀行も手助けしてくれません。むしろ「沈みかけた泥船だ」と、みな一斉に逃げ出すはずです。こうなっては、遠くないうちに経営が行き詰まるのは目に見えています。

本来であれば経営者は、会社が大きくなり、社員の人数や事業規模、借入額などが増えるとともに、自分自身の経営力も段階的にレベルアップしていきます。

しかし、事業を引き継ぐ後継者はそうではありません。いきなり多くの社員や大規模な事業を引き継ぐプレッシャーは計り知れません。経営には借金もつきものですから、能力だけでなく覚悟も問われます。

また、現経営者が自分の右腕である人に後継者の世話も任せようと考えていたところ、現経営者の引退とともに右腕や左腕も引退してしまったというケースもあります。後継者だけではなく、その人を支えてくれる存在も含めて、考えておく必要があるのです。

経営は自ら経験しないとわからないことだらけです。後継者の目星が立っていたとしても、その資質を確かめるには最低でも3年は必要でしょう。現経営者が健在なうちから、ともに経営を行い、経験を積ませておく必要があります。

また、後継者が株式承継のコストを払えるよう、給与をアップさせ、長年かかけて準備資金を蓄えさせておく必要もあります。株価対策も最低で3年はかかります。途中で後継者の能力に見切りをつけ、軌道修正を迫られる場面もあるでしょう。

後継者の資質を見極めるのに3年、株価対策に3年、そして不測の事態が起こることも考えると、事業承継の準備には10年はかかると考えるのが良いでしょう。だからこそ、早めの決断と行動が必要なのです。

後継者が決まることで、承継のタイミングが決まり、その間にすべきことが見えてきます。子供に継がせるなら、会社に無駄な資産がたまらないようにしたり、子会社を設立してそこに資金を流す仕組みを作ったりしておくことも可能です。仮に後継者が見つからなかった場合も、「5年後にM&Aを目指す」など決めれば、その間に会社の価値を上げる取り組みができます。

財務対策は恒常的に行うべき対策であるため、事業承継対策の実質的なスタートは「後継者」を考えることです。後継者が決まっていないのに変な節税対策をしたところで、いざというときに効果はないでしょう。

後継者が不明確なまま経営者が突然亡くなると、残された身内や社員がこれら一連の選択を迫られてしまい、トラブルに発展する可能性もあります。だからこそ経営者は、自分がまだ元気だと思っているうちに対策を始める必要があるのです。

保険営業である皆さんが中小企業を訪れた際には、社長と後継者候補に「10年後の組織図を描き、そのための施策を始めましょう」と提案してみましょう。

金融機関の提案も熟考すべき

銀行などの金融機関も、事業承継に向けた対策を企業に提案しています。しかし繰り返しになりますが、彼らは営利機関ですから、提案する取り組みは基本的には自行の利益になるものです。金融機関のことを悪く言うつもりはありませんが、言いなりにばかりなっていると、企業側にとってマイナスになってしまうこともあります。

そうならないよう、金融機関が企業に提案する対策とその思惑も把握しておきましょう。

金融機関がよく提案する対策が、101ページの図6のような「持株会社スキーム」と「株価対策スキーム」です。「持株会社スキーム」とは、後継者がホールディングス（HD）を新設し、新設HDが銀行から資金を調達、100％子会社にした本業の事業会社から配当を受け、それを原資に借入金を返済するスキームです。株式が高額で後継者が買取できないときに、効率良く資金を調達するための方法です。100％子会社からの配当は税金がかからないため、返済効率も良くなります。

一方「株価対策スキーム」は、株式移転などの組織再編を用いて新設HDを設立し、新設HDにて銀行から資金を調達、それを原資に賃貸用不動産などを購入するスキームです。この場合、非上場株式の評価上、賃貸不動産などを取得してから3年を経過すると同物件の評価が大きく下がる仕組みなので、結果として新設HDの株価も下がります。このタイミングで後継者に株式を移動するのが、金融機関の提案に多い株価対策スキームです。

これらのスキームが効果的なのは明らかです。

一方で、その裏には「新規融資を出せる」「株式を法人で買い取ると価格が上昇するから、予定より融資額を増やせる」「余剰資金で投資信託を買ってもらえる」「遺言書を書いてもらえる」「提携先の税理士法人がクロージングするのでキックバックが入る」といった、金融機関側のメリットもあることを見逃してはいけません。

不動産の名義変更や銀行口座の解約など、先代が亡くなったあとの遺言執行を銀行に依頼して契約すると、彼らには少なくとも100万円以上の対価が舞い込みます。本当に支払うべきコストなのかどうか見極めたうえで決断する必要があります。

なかには企業が享受するメリットよりも、デメリットの方が大きい提案も存在します。株式に関して、個人間で売買すると2億円もしないのに、銀行が提案する持株会社スキームだと株価が6億円になるというケースを見たことがあります。当然ながら銀行が融資をつけるわけですが、それを5~7年で返済する計画という内容です。会社を継いだ時点で6億円の借金を背負い、税引き後の利益で年間1億円ペースで借金を返すのは、後継者にとって重すぎる負担です。

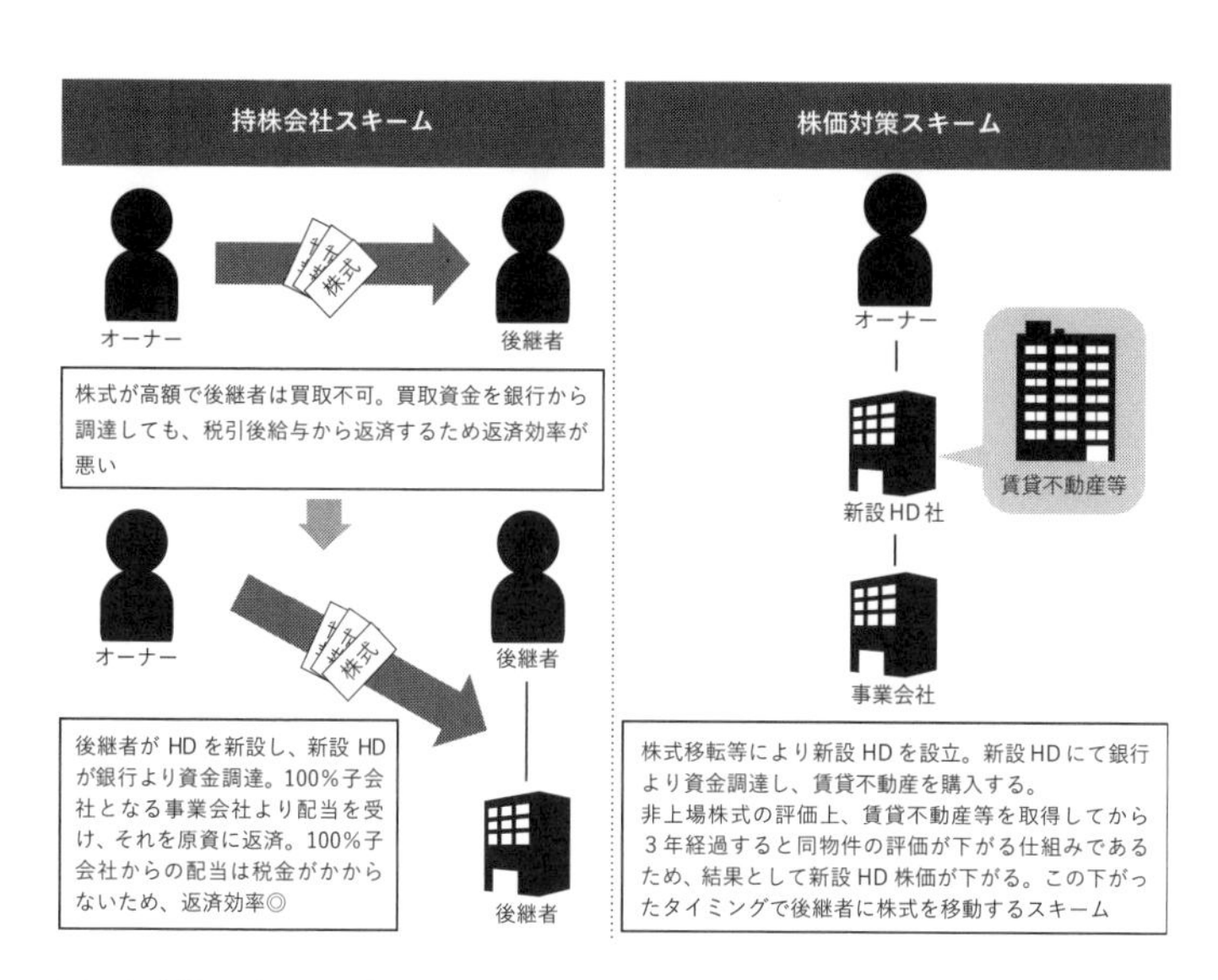

持株会社スキーム
株式
オーナー
後継者
株式が高額で後継者は買取不可。買取資金を銀行から調達しても、税引後給与から返済するため返済効率が悪い
オーナー
株式
後継者
後継者がHDを新設し、新設HDが銀行より資金調達。100％子会社となる事業会社より配当を受け、それを原資に返済。100％子会社からの配当は税金がかからないため、返済効率◎
後継者
株価対策スキーム
オーナー
賃貸不動産等
新設HD社
事業会社
株式移転等により新設HDを設立。新設HDにて銀行より資金調達し、賃貸不動産を購入する。
非上場株式の評価上、賃貸不動産等を取得してから3年経過すると同物件の評価が下がる仕組みであるため、結果として新設HD株価が下がる。この下がったタイミングで後継者に株式を移動するスキーム

図6 金融機関がよく提案するスキーム

加えて、株価を下げて承継に備えるのは常套の手段ですが、税務署にとっては当然面白くなく、目をつけられるリスクもあります。

例えば、株価1億円の会社2社を後継者に渡す場合、後継者は当然ながら2億円を用意する必要があります。ところが、並列だった2社の関係を上下の親子関係にすると、株価は半額以下になることもあります。会社同士の関係性を変えることで、株価対策ができるのです。

ただし、こういったやり方を株価対策のみの目的で硬直的に選択してしまうと、税務署の目に留まる可能性もあ

ります。

税務調査で申告内容を否認されると、追加で納税する必要があります。悪質な場合、否認の期間は7年間となり、経営者はこの期間、怯えて暮らさないといけなくなってしまうのです。

リスクを負うのは後継者であり、追加納税で経営が揺らぐ事態になっては本末転倒です。これまでは国税庁もある程度許容していましたが、新型コロナウイルスによる税収減を受けて、中小企業の経営者がターゲティングされる可能性はあるかもしれません。リスクを排除することが目的の事業承継で、余計なリスクを負う必要はないのです。

金融機関の提案に乗り、株価を下げることばかりに気を取られると、足をすくわれてしまいます。事業の5年後や10年後を見据えて、そのスキームは本当に正しいのか検証したうえで決断をしないと、大きな損失を招きかねません。

保険営業が事業承継を学ぶ理由

保険営業がＭＤＲＴを目指すなら、法人との契約は必須となるでしょう。

例えば経営者が亡くなった場合、会社が借入している借金を完済できるくらいの金額が受け取れる保険に入っていないと、会社は倒産するかもしれません。そのため、「経営者の責任として保険契約しませんか？」というアプローチは効果的で、法人営業における定石でした。

しかし制度の変更により、いまは損金として計上できない関係から、保険料が安い掛け捨ての保険で事足りてしまいます。よって、保険営業に入る手数料も少なくなってしまっているのが現状です。


ところが、事業承継をフックにすれば話は違ってきます。

多くの中小企業を見てきた私たちからすると、事業承継の４つの柱である「財務」「後継者」「自社株」「相続」を自前で対策できている経営者はほとんどいません。先代からお世話になっていたり、普段から面倒を見てもらったりしている税理士や銀行が何とかしてくれると思っている人がほとんどでしょう。

そのため、新規の税理士や外部のコンサルタントに依頼するのは、これまでお世話になってきた税理士や銀行を裏切る行為だと考えている経営者が少なくありません。とりわけ地方では税理士は町の名士であり、社会的地位の高さも抜群にあり、経営者も会社の右腕だと思っていることは多いのです。

しかし何度もお伝えしているとおり、顧問税理士が事業承継のプロとはかぎりません。顧問税理士の多くは日々の企業会計及び税務申告のプロであり、事業承継について専門性が高い人は多くはありません。

そのため、経営者が「税理士が何か手を打ってくれるはずだ」と期待していても、何も提案されてこないことも多いのです。

見方を変えると、こういった状況だからこそ、保険営業がサポートできる余地があると考えることもできます。私たちとお付き合いのある財務知識や事業承継を得意とする保険営業の方々は、学んだ知識をもとに、中小企業のサポートをしています。保険と財務は近い関係にあり、後継者にマネー教育をする保険営業もいるほどです。

先述したようなリスクを知らない経営者は多くいます。啓蒙の意味もこめて、保険営業である皆さんが中小企業を訪れた際は、いずれやってくる事業承継に向けて顕在化しているリスクを伝えるとともに、保険の有用性を説いてあげましょう。

だからこそ、皆さんは事業承継について学ぶべきであり、それがほかの保険営業にはない強力な武器にもなります。

事業承継は企業の存続を成すために必ず直面する課題であり、承継に際しては多額の現金が必要となります。それも経営者自身にではなく、後継者に、です。だからこそ「保険を活用して現金を残してあげよう」という提案は受け入れられます。

財務改善を通じた成長支援をするだけでは、経営者は浮いたお金を事業投資や人材投資に回すだけで、保険営業の利益にはなりません。事業承継のリスクをしっかり伝え、そのための保険契約を結んでいただくことで、企業のためにもなり、保険営業にも多額の手数料が入るのです。

そして保険を活用した説得力のある事業承継を提案できるのは、保険営業だけです。次章からは、その具体的な活用法や事例を紹介していきます。

ただしひとつ気をつけていただきたいことがあります。

税務に関する実務は、税理士の独占業務です。株式と相続に関して、有償無償を問わず、税理士以外の人が税務相談に乗ったり実務をしたりするのは違法となります。保険営業の方は、あくまでこれらの情報やリスクをお伝えしてニーズを喚起することに努め、実務については、専門知識を持った私たちのような専門家を頼っていただくのが良いでしょう。

会話からニーズを発掘する方法

ここまで、事業承継の概要と、対策の必要性についてお伝えしました。

保険営業の方が企業の事業承継に携わり、サポートしていくことは、企業にとっても、保険営業の方にとってもメリットがあることをおわかりいただけたのではないでしょうか。

しかし、肝心の経営者自身はそうは思っていないでしょう。

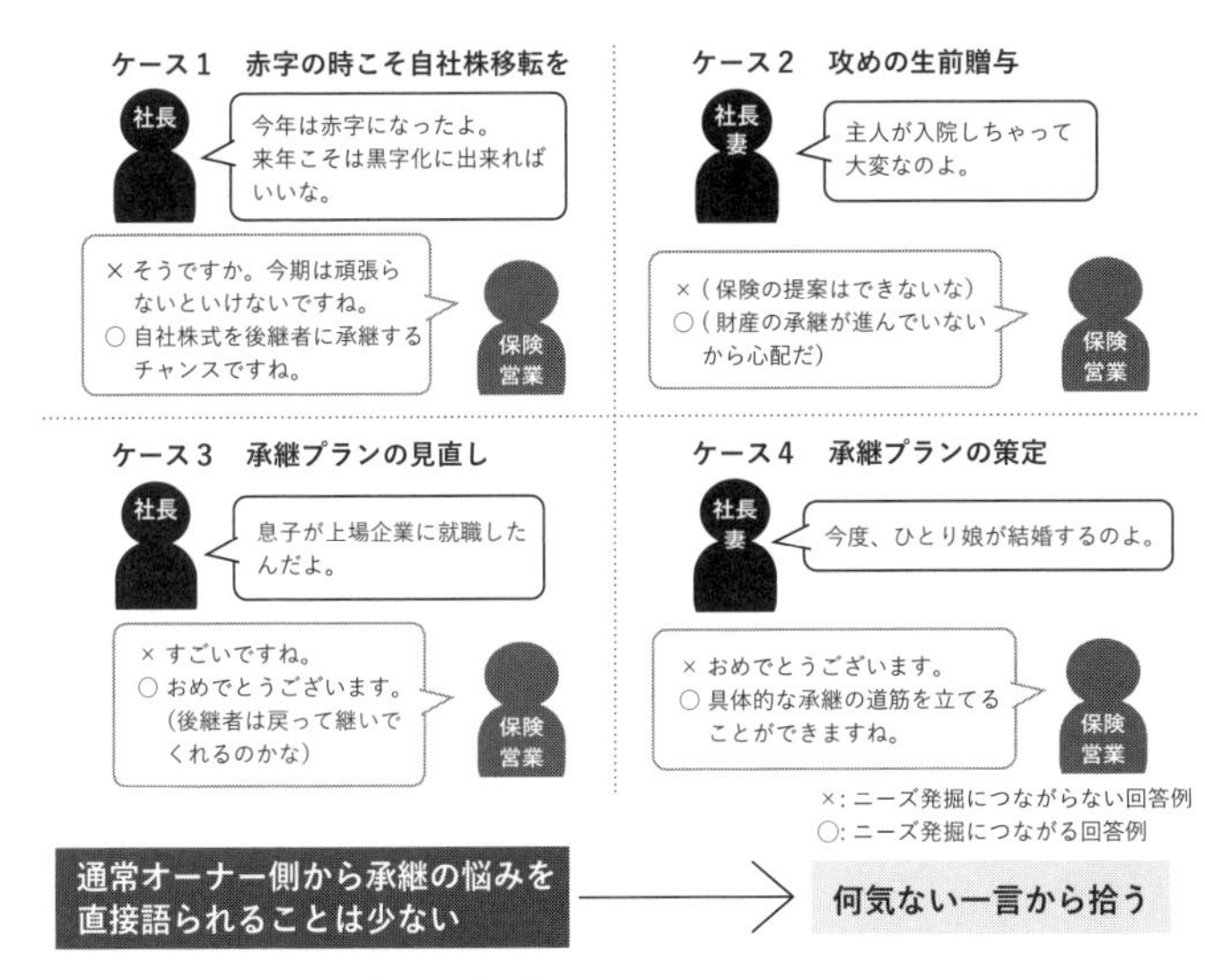

図7 事業承継ニーズを発掘する会話例

保険営業であるあなたに、経営者が自ら進んで事業承継の悩みを相談することはほとんどなく、こちらから経営者にアプローチしていく必要があります。

とはいえ、「社長はいつまで経営を続けるのですか？」「後継者はもう決まっていますか？」「後継者ご本人は納得していますか？」「事業承継について悩みを相談できる相手はいますか？」といったことを、直接聞くのははばかられるかもしれません。

それでは、どのようにして経営者のニーズを探れば良いのでしょうか？

経営者との雑談をきっかけに、事業承

継ニーズを発掘するための会話例をいくつかご紹介します。

事業承継ニーズのヒアリングシート

本章の最後に、企業の事業承継対策ニーズを探るうえで活用していただきたい、チェックポイントリストを用意しました。経営者に各項目をヒアリングしながら、チェックをつけていきましょう。

事業承継の4本柱について、計19項目を挙げています。理想は、すべてのポイントにチェックが入っていることです。ひとつでも放置している要素があると、事業承継に際してトラブルが生じる可能性は否定できません。

直接聞きづらい場合は、このチェックリストを手渡して、経営者自身に確認してもらうのも良いでしょう。事業承継の対策をまったくしていない経営者に危機感を持ってもらうためにも、このリストを見せるのは効果的です。

これらの会話例やチェックポイントリストを活用したとしても、こちらから聞くのがは

事業承継対策チェックリスト

人的承継

後継者

- □後継者がすでに決まっているか？
- □後継者への承継時期が決まっているか？
- □後継者は会社の事業に精通しているか？
- □後継者を支える経営陣が育っているか？
- □後継者の教育方針が決定しているか？
- □後継者が継ぎたい会社か？
- □会社を経営する覚悟・能力があるか？
- □数字に向き合う経営ができるか？
- □社内および関係各所への周知をしているか？

物的承継

財務

- □資金繰りは問題ないか？
- □財務体質が盤石か？
- □節税偏重の対策ばかりしていないか？

自社株

- □承継コストを把握しているか？
- □後継者に集約させる対策があるか？
- □適度な株価対策ができているか？
- □株式の承継方法が決定しているか？

相続

- □非後継者への財産は準備しているか？
- □相続税額を把握しているか？
- □納税資金は確保できているか？

図8　事業承継対策チェックリスト

ばかられるという場合は、「最近、自分が勉強していること」として事業承継の知識を披露してみるのも良いでしょう。それを聞いた経営者は、きっと興味や関心を持ち、自社の相談に乗ってもらいたいと思うはずです。

第4章

保険を活用した「株式承継」の支援策

事業承継の一番の悩みは「自社株の承継」

事業承継について全般的に解説した前章では、承継の準備は、後継者を探して育成する「人的承継」と、自社株などを相続する「物的承継」のふたつの面で進めていくと述べました。本章では、自社株の承継におけるリスクと、保険を活用した対策方法について、詳しくご説明します。

第1章でも紹介した、中小企業経営者を対象にしたアンケート調査によると、事業承継における最大の課題は「自社株にかかる相続税や贈与税の負担」だと回答した人が最も多くいました。これは、先ほどもお伝えしたとおり、株式の承継にはとにかくお金がかかるためです。加えて、後継者にはお金がないということも、不安を増加させる要因です。

企業は現金や不動産といった資産を持っていますが、自社株の承継にかかるコストを払うのは、あくまでも個人である後継者です。

企業が持っている不動産や設備を現金化しようとしても、すぐには換金できません。内部留保が豊富だとしても、それを後継者に渡すには給与として地道に払うしかありません。ほかには、会社を清算したり、M&Aで売ったりしないかぎり、会社が持つ資産や株式を現金化して後継者に渡すことはできません。

つまり自社株の承継にかかるコストを会社のお金でまかなうことは難しく、だからこそ、経営者にとって最大の悩みのタネとなっているのです。

では、自社株承継のためのコストを後継者が払えなかった場合はどうなるのでしょうか。例えば相続税。一括で納税ができない場合は、「延納」という分割払いを選ぶことができます。この方法を選ぶ相続人は少なからずいます。

ほかにも、会社や銀行からお金を借入して支払うこともあります。こうなると、会社は銀行から融資を受けていて借金があり、経営者（後継者）個人も、銀行に借金をしている状態となってしまいます。

「そんな大変な思いをするくらいであれば会社なんて継ぎたくない」と、後継者が思ってしまうのは仕方がありません。家業を残したい気持ちがあったとしても、自分にも守るべき生活や家族がいるのです。こうした事情も、後継者不足の要因のひとつです。

自身も二代目や三代目で、先代から会社を引き継いだ経験のある経営者であれば、こういったリスクを正しく把握して、必要な危機意識を持ち、適切な対策を講じることができます。自分が引き継いだときも苦労しているので、子供には苦労させたくないと思っている方が多いのです。

このような経営者であれば、人的承継はもちろん、物的承継の準備も進めていて、わからないことは私たちのような専門家にご相談いただいています。財務的に厳しかったり将来性が期待できなかったりして、いっそのこと自分の代で会社をたたむ判断をするのもこういった人たちで、業績が良いうちに売却することも視野に入れて検討しています。

ところが、自分で会社を興した初代の経営者は、「自分もなんとか会社を大きくできたのだから、息子も頑張れば何とかなるだろう」「税金のことはよくわからないけど、税理士に任せているし、大丈夫だろう」と考えているケースが多々あります。こういった場合は、たとえ後継者候補がいたとしても、物的承継の準備が進んでおらず、後継者はかなり大変な思いをしてしまいます。

また、周りの経営者仲間から話を聞き、銀行などが開催する事業承継セミナーに参加して情報を収集した結果、不安だけが募ってしまう経営者もいます。

つまり事業承継に対する理解は経営者によって温度差があり、対策がなかなか進んでいない人が多いのが現状なのです。

加えて昨今の状況であれば、新型コロナウイルスの影響で悪化した業績を立て直すのに必死で、ここまで手が回っていない経営者が大半でしょう。ですがこのようなときにこそ、万が一にそなえて事業承継の対策を並行して進めておかないと、後手に回りかねません。「いまはそんなときじゃない！」という経営者に、保険営業の方こそ、事業承継がうまくいかなかったときのリスクをしっかりと伝え、サポートしてあげてほしいところです。

保険営業が知っておくべき「自社株の承継方法」

経営者に「自社株式の承継」について具体的なイメージを持っていただき、危機感を感じてもらうためにも、保険営業の方も「株式の承継」についての基礎知識は身に付けておくと良いでしょう。

まず、自社株が承継されるパターンについて。これは「相続」「贈与」「譲渡」の3つに分けられます。先代の経営者が亡くなり、経営者の財産の一部として自社株が後継者に承継されるのが「相続」です。先代が存命のうちに自社株を渡すのが、「贈与」と「譲渡」です。

それぞれにかかる税目が異なり、相続の場合は相続税（最高適用税率55％）、贈与は贈与税（最高適用税率55％）、譲渡の場合は譲渡代金から譲渡原価を差し引いた譲渡所得に対して譲渡所得税・住民税（復興特別所得税含み税率20・315％）がかかり、それぞれで税率も違います。

また、これらの税率は一律ではありません。贈与の場合は、年間110万円以下であれば非課税になる「暦年贈与」、60歳以上の父母または祖父母が20歳以上（令和4年4月1日以降は18歳以上）の子や孫に財産を贈与する際に選ぶことができ2500万円まで非課税になる「相続時精算課税」、先代が後継者に自社株を贈与するときに一定の要件を満たすと納税が猶予される「事業承継税制」といった制度があります。

譲渡については、先代が後継者個人に譲渡する「個人↓個人」、自社に譲渡する「個人↓自社」、後継者が設立した新設会社などに譲渡する「個人↓他社」の3つのパターンがあり、譲渡相手によって適用される税率や譲渡価額も変わります。

現在、自社株の承継方法はこの3つに絞られます。経営者と後継者はどの方法によって自社株式を承継するかを選ばないといけません。相続と贈与は親族相手に行われるのが一般的で、親族以外に承継する場合は譲渡を選ぶ場合がほとんどです。

近年は、経営者が亡くなったあとのいざこざを避けるために、存命のうちに親族間で譲渡をしておく事例が見られるようになりました。

例えば、先代経営者の財産が自社株1億円と現預金1000万円だった場合。後継者

承継方法	相続	贈与	譲渡
税目	相続税	贈与税	譲渡所得税・住民税
税率	適用最高税率55%	適用最高税率55%	所得税・住民税20.315%(復興特別所得税含む)
特徴・留意点	・評価額が相続発生時まで把握不可 ・人的承継が済んでいる場合には、後継者が株価を引き上げる可能性も ・ほかの財産次第で適用税率が高くなる	・生前に承継可能 ・暦年課税と相続時精算課税との選択適用が可能 ・贈与額を自身で決定できる ・相続発生前3年内の贈与は贈与時の時価で相続財産に持ち戻し	・生前に承継可能 ・買取側に資金が必要 ・譲渡代金が相続財産を形成 ・適正な時価での譲渡が必要

図9 株式の移転方法と税制の比較

である長男が自社株1億円を相続すると、次男は1000万円しか相続できません。次男としては、「大半を長男が相続した」と、不公平に感じてしまいます。その結果、自分の取り分を求めて長男を訴える可能性もあります。

このようなトラブルを避けるために、例えば先代が生きているうちに一時的に自社株の価値を下げ、その時点で長男に株式を譲渡することで、先代の資産を株式から現金に変えておく対策などが有効です。

ほかにも、前章でも触れたホールディングスを活用したスキームによる対策も可能です。長男の名義で新たに会社を立ち上げ、銀行から資金の融資を得て先代経営者保有の株式を買い取り、そこからの配当でホールディングス会社の借金を返していきます。これであれば、後継者は資金を負担して自社株の承継にかかるコストを支払っているため、ほかの相続人からの反発も少なく済むでしょう。

相続や贈与で自社株を承継する場合は、後継者が得る財産はどうしても大きくなります。そのため、後継者以外の相続人から理解を得ることが重要になるのです。

承継の方法に合わせて、配慮すべき人をしっかり把握し、必要な対策ができるようにしておきましょう。

相続のメリット・デメリット

これら3つの手法ですが、それぞれメリットとデメリットがあります。

まず相続について。結論から申しますと、相続によって自社株を承継するのはあまり好ましくないと考えています。というのも、人はいつ亡くなるかわかりませんから、相続が発生するまで自社株の評価額がいくらになるか把握できず、納税資金の確保や遺留分対策が困難となるからです。もし、株価がたまたま高いときに相続が発生すると、巨額の相続税が課せられ、相続人同士の仲によっては遺留分侵害請求が発生するなど思いもよらないキャッシュの流出を招きます。

また、人的承継が済んでいて、すでに先代は会長に退き、後継者が社長になっている場合も、相続はデメリットになります。この場合、会社を引き継いだ後継者は「親が作った会社をつぶすわけにいかない」と、会社をさらに大きくしようと意気込みます。後継者の手腕により、会社の業績が良くなることは非常に素晴らしいことなのですが、当然、業績が上がれば株価も引き上がります。ところが、株式の大半をまだ会長である先代が所有したままだと、後継者が頑張れば頑張る分だけ、後継者は自分が将来に支払う相続税を増やすはめになってしまうのです。

加えて、もしも先代が自社株を持ったまま認知症などになったりすると、議決権の行使や法律行為などができなくなってしまうリスクもあります。

事業を引き継ぐ後継者に株式を集中させたくても、ほかの相続人の承諾が必要となり、

- ●民法では、相続において、一定の相続人が最低限の財産を貰える権利“遺留分”を設けている
- ●遺留分を侵害された相続人から侵害額の請求を受ける場合、金銭にて支払いをしなければならない

遺留分の概要

遺留分の権利者と遺留分割合				
相続人	各相続人の具体的な遺留分割合			
	配偶者	子供	父母	兄弟
配偶者のみ	1/2	×	×	×
配偶者と子供	1/4	1/4 ÷ 人数	×	×
配偶者と父母	2/6	×	1/6 ÷ 人数	×
配偶者と兄弟	1/2	×	×	×
子供のみ	×	1/2 ÷ 人数	×	×
父母のみ	×	×	1/3 ÷ 人数	×
兄弟のみ	×	×	×	×

遺留分算定の基礎財産		
相続財産	相続人以外に対する 相続前1年以内の贈与	相続人に対する 相続前10年以内の贈与
債務	遺留分算定の基礎財産	

※遺留分算定基礎財産は、相続開始の時価にて評価
※贈与当事者が遺留分を侵害することを知って行う贈与は、期間を問わず算定基礎に含む

具体例

単位：千円

項目	長男（後継者）	次男	合計
自宅	100,000	0	100,000
預金	50,000	50,000	100,000
上場株式	0	20,000	20,000
自社株式	300,000	0	300,000
自社への貸付金	50,000	0	50,000
合計	500,000	70,000	570,000
遺留分額	142,500	142,500	-
遺留分侵害額	+357,500	▲72,500	-

※相続人は、長男と次男の２人の前提

図10 遺留分とは

なかなか結論が出なかったり、余計な資金が発生したりしてしまいます。

また、認知症になった人は、財産を減らす行為もできなくなります。そこには生前贈与も含まれます。後見人がついたとしても、後見人によって財産を厳しく管理され、生前の対策ができなくなるおそれもあります。こういったデメリットから、私たちは贈与か譲渡による、生前の株式承継を勧めています。

譲渡のメリット・デメリット

自社株の承継は「相続ではなく贈与か譲渡で」とお伝えしましたが、そのどちらが適切かは、家庭の状況ごとに異なります。先述したように、親族間の争いを避けたいなら現経営者から後継者に譲渡をした方が良さそうですし、後継者候補がひとりしかいないのであれば、積極的に暦年贈与の制度を使う手もあるでしょう。

譲渡のメリットとデメリットを考える際、相手が対個人か対会社かで分けて考える必要があります。なぜなら、それによって自社株の評価の仕方が変わるからです。

まずは対個人の場合を考えてみましょう。対個人への売買や贈与の場合は、「相続税評価額」という評価額を適用します。その名のとおり、相続税を計算するときの基準となる価額のことをいいますが、個人間売買でもこちらの価額が基準となります。後述する法人税法上の時価よりも低額なため、譲り受ける側の金銭の負担も軽くなることがあり、これが「対個人の譲渡」のメリットといえるでしょう。

また、譲渡は生前に承継が可能であるため、譲渡で手にした金銭を、保険などの評価引下げが可能な財産へ転換するなど、相続対策にも活用できる点もメリットのひとつです。

しかし、デメリットとして、対個人の場合は譲り受ける側である個人が購入資金を用意する必要があります。株価によっては、個人で多額の資金を用意しなくてはいけなくなることから、金融機関と交渉して資金を融資してもらったり、返済のシミュレーションもしたりしないといけなくなることもあります。専門的な知識が必要となるため、私たちのような専門家があいだに入って進めることになります。

一方で、対会社に譲渡をする場合のメリットとデメリットはなんでしょう。

この場合、譲渡する相手が自社である場合と、他社である場合で状況が異なります。

まずは「自分の会社に譲渡する」場合のメリットについて。自社が買主として自社株買いをするため、「会社が持っている資金を使える」というメリットがあります。会社に潤沢な資産があれば、金融機関から借入をせずに自社株を取得できます。

デメリットは、売り手（現経営者）には税率の高い（最高55％）「みなし配当課税」が課せられてしまうことです。自分の会社に自社の株を売る行為は、配当とみなされます。上場企業の配当に対する税率は20％ですが、中小企業の場合、会社から受け取る配当は給与と変わらないと考えられ、総合課税の対象となり、税率が高くなります。


さらに、対会社の場合は「法人税法上の時価」という評価が適用されます。これは個人と企業や、企業間売買を想定した評価方式で、対個人の場合の相続税評価額より割高になりやすく、その分、譲り受ける側の資金負担も重くなります。

「法人税法上の時価」と「相続税評価額」の金額の差は会社によって様々です。例えば相続税評価額が1株100万円なら、法人税法上の時価は1株150万円など、ときには倍以上も変わるケースもあります。

　これは、対自社の場合と対他社の場合、共通してのデメリットといえるでしょう。

　他社に対して譲渡する場合ですが、多くは、後継者が設立した会社への譲渡となるかと思います。後継者が設立した新設会社を親会社として、その下に現経営者の会社を子会社（事業会社）としてぶら下げて「ホールディングス体制」とするのです。

　この際のメリットは、譲渡側の税率が、先ほど対自社の場合のデメリットとして挙げた「みなし配当課税」ではなく、税率20％の「譲渡所得税」となる点です。最高課税率55％の「みなし配当課税」と比べると税負担は軽くなります。

　とはいえ、親会社は事業がなければペーパーカンパニーにすぎず、収益はほぼありません。事業会社から買い取った株から生じる配当を融資の返済に回すため、親会社、子会社ともに財務に悪影響が出てくる可能性があります。空っぽだと見栄えが悪いため、何かしらの事業を行う場合もありますが、その際はコストや手間が生じます。

「個人から個人」への譲渡

	売手(個人)	買手(個人)	課税が生じない取引価額	説明
株主区分	同族株主	同族株主	500円	個人間取引の場合、留意すべきは買手側の時価、すなわち贈与税課税です。売主は、時価より高額または低額で譲渡をしても、売却対価をもって所得税の確定申告をするのみです。
評価額	500円(原則)	500円(原則)		
株主区分	少数株主	少数株主	100円	
評価額	100円(配当)	100円(配当)		
株主区分	同族株主	少数株主	100円	
評価額	500円(原則)	100円(配当)		
株主区分	少数株主	同族株主	500円	
評価額	100円(配当)	500円(原則)		

「個人から法人」への譲渡

	売手(個人)	買手(法人)	課税が生じない取引価額	説明
株主区分	同族株主	同族株主	500円	
評価額	500円(原則)	500円(原則)		
株主区分	少数株主	少数株主	100円	
評価額	100円(配当)	100円(配当)		
株主区分	同族株主	少数株主	250～500円	個人が法人に対して、時価の1/2未満で資産を譲渡すると、時価で譲渡したものとみなして所得税課税。法人は500円以上で購入すると、超過部分は寄付認定。
評価額	500円(原則)	100円(配当)		
株主区分	少数株主	同族株主	500円	法人は500円未満で購入すると、500円との差額について雑収入計上（廉価で購入する分得しているため）
評価額	100円(配当)	500円(原則)		

図11 譲渡対象による評価額の比較

「法人から個人」への譲渡

	売手（法人）	買手（個人）	課税が生じない取引価額	説明
株主区分	同族株主	同族株主	500円	
評価額	500円（原則）	500円（原則）		
株主区分	少数株主	少数株主	100円	
評価額	100円（配当）	100円（配当）		
株主区分	同族株主	少数株主	500円	法人が時価より低い金額で譲渡すると、結論時価で売却した時と同じ課税がなされます。買主は、100～500円のあいだで購入すれば課税問題は生じません。
評価額	500円（原則）	100円（配当）		
株主区分	少数株主	同族株主	500円	買主たる個人は、500円より安く購入すると、対価との差額について所得税課税（給与等）がされます。
評価額	100円（配当）	500円（原則）		

「法人から法人」への譲渡

	売手（法人）	買手（法人）	課税が生じない取引価額	説明
株主区分	同族株主	同族株主	500円	
評価額	500円（原則）	500円（原則）		
株主区分	少数株主	少数株主	100円	
評価額	100円（配当）	100円（配当）		
株主区分	同族株主	少数株主	500円	法人が時価より低い金額で譲渡すると、結論時価で売却したときと同じ課税がなされます。買主は、100～500円のあいだで購入すれば課税問題は生じません。
評価額	500円（原則）	100円（配当）		
株主区分	少数株主	同族株主	500円	法人は500円未満で購入すると、500円との差額について雑収入計上（廉価で購入する分得しているため）
評価額	100円（配当）	500円（原則）		

贈与のメリット・デメリット

贈与によって株式を承継する場合のメリットとデメリットについても考えましょう。

贈与は、その方法によって3つの異なる制度が適用されます。

ひとつめは「暦年贈与」です。年間110万円までの贈与は非課税となる制度です。このメリットは、早めに対策が打てること。ただし、株式の金額が大きい場合は焼け石に水です。仮に所有している株価が1億円であれば、非課税の枠内ですべてを贈与するには90年近くかかります。あるいは複数の子供に暦年贈与をすると、先述したように自社株の分散を招き、相続争いや経営権争いの火種になるかもしれません。これが暦年贈与のデメリットといえます。


つぎに「相続時精算課税」です。2500万円もの非課税枠があり、2500万円を超えた部分の贈与については、贈与税率が一律20%となる制度です。ただし、この制度を選べるのは、60歳以上の父母または祖父母が20歳以上（令和4年4月1日以降は18歳以上）

の子や孫に財産を贈与するときのみで、両者は直系親族の関係でなくてはなりません。

このメリットは、相続時精算課税制度で贈与した財産は、贈与者が亡くなったときに贈与時の時価で相続財産に持ち戻されるということです。

例えば、先代（贈与者）が相続時精算課税を使い、全財産である自社株1億円を後継者に生前贈与したとします。これにより、先代の財産は0円になりました。その後、先代が亡くなると、相続時精算課税制度を使って贈与したすべての財産は贈与時の時価で相続財産に持ち戻されるため、相続財産に1億円がプラスされるわけです。なぜこれがメリットかというと、たとえ贈与後に株価が上がっていても、贈与時の価格で換算して持ち戻されるためです。時価が高くなる可能性のある財産を、価値が上がる前の評価額で贈与できるのです。成長が見込める自社株の贈与などは、同制度の使いどころかもしれません。

ただし、この制度を利用するには事前の手続きが必要です。そして一度選ぶと、以降の贈与はすべて相続時精算課税制度の対象になります。110万円の非課税枠がある暦年贈与制度は使えなくなるので、どちらのメリットが大きいか、先代経営者の年齢や今後の株価推移、贈与計画などを事前に確かめたうえで活用しましょう。

最後に、「事業承継税制」です。事業承継税制は暦年贈与との併用も出来ますが、実務上は先ほどの相続時精算課税制度と組み合わせて使うケースが一般的です。先ほどの例になぞらえて説明します。1億円の自社株を相続時精算課税で贈与する際、2500万円分は非課税となり、残りの7500万円は税率20％の課税対象になります。つまり、後継者は1500万円を贈与税として納税しないといけません。これだけの金額を後継者が一度に支払えることは稀なケースだと思います。

そこで、この事業承継税制を使うと、贈与税の納税が猶予されるわけです。ただし、先代が亡くなると贈与した株式は相続財産に持ち戻され、再度納税猶予を適用するかどうかを検討することになります。また、適用できる会社の条件や先代経営者・後継者の要件、株式の継続保有要件など、様々な適用条件があり、難易度の高い方法ではあります。

知っておきたい「自社株式の評価」の仕組み

株式承継の方法について確認したところで、次は株式の「価値」を評価する方法についても、確認しておきましょう。上場会社であれば取引金額は日々公表されていますが、自社株は取引相場がない株式であるため、基準価格が明確ではありません。そのため、税務署が定めた「財産評価基本通達」というルールによって、具体的な評価方法が決まっています。その評価の流れは、大きくは133ページにある図12の3つのステップにわけられます。

ステップ1は「株主の判定」です。中小企業における自社株の算定は、その株式を取得した人が、株式に対してどのくらいの価値を感じるかによって株価が決まります。譲受側にとって、その1株を承継することが会社の未来を左右する権限があるのと、配当を受け取るくらいの権限しかないのでは、持つ意味や価値はまったく違うということです。そこでまず行うのが、「株主の判定」です。具体的には次の2つのパターンがあります。

パターン①：譲受側が同族株主等である場合
パターン②：譲受側が同族株主等でない場合

パターン①は、課税時期における株主のうち、株主のひとりおよびその同族関係者の有する議決権の合計数が、議決権総数の30％（株主のひとりおよびその同族関係者の有する議決権の合計数が最も多いグループの有する議決権の合計数が50％超である場合には50％超）に該当する場合です。一般的な同族経営のオーナー会社の場合は、このパターンです。このパターンでは、原則的評価方式が適用されます。

パターン②の場合は、中小企業の取引相場のない株式を評価する際に認められている特例的評価方式である、「配当還元方式」が用いられます。その会社の利益や純資産などを加味せず、あくまでその株式投資に対して受けられる配当を基準に判定します。具体的には、過去2年間の配当金額を10％の利率で還元し、元本株式の価額を導きます。

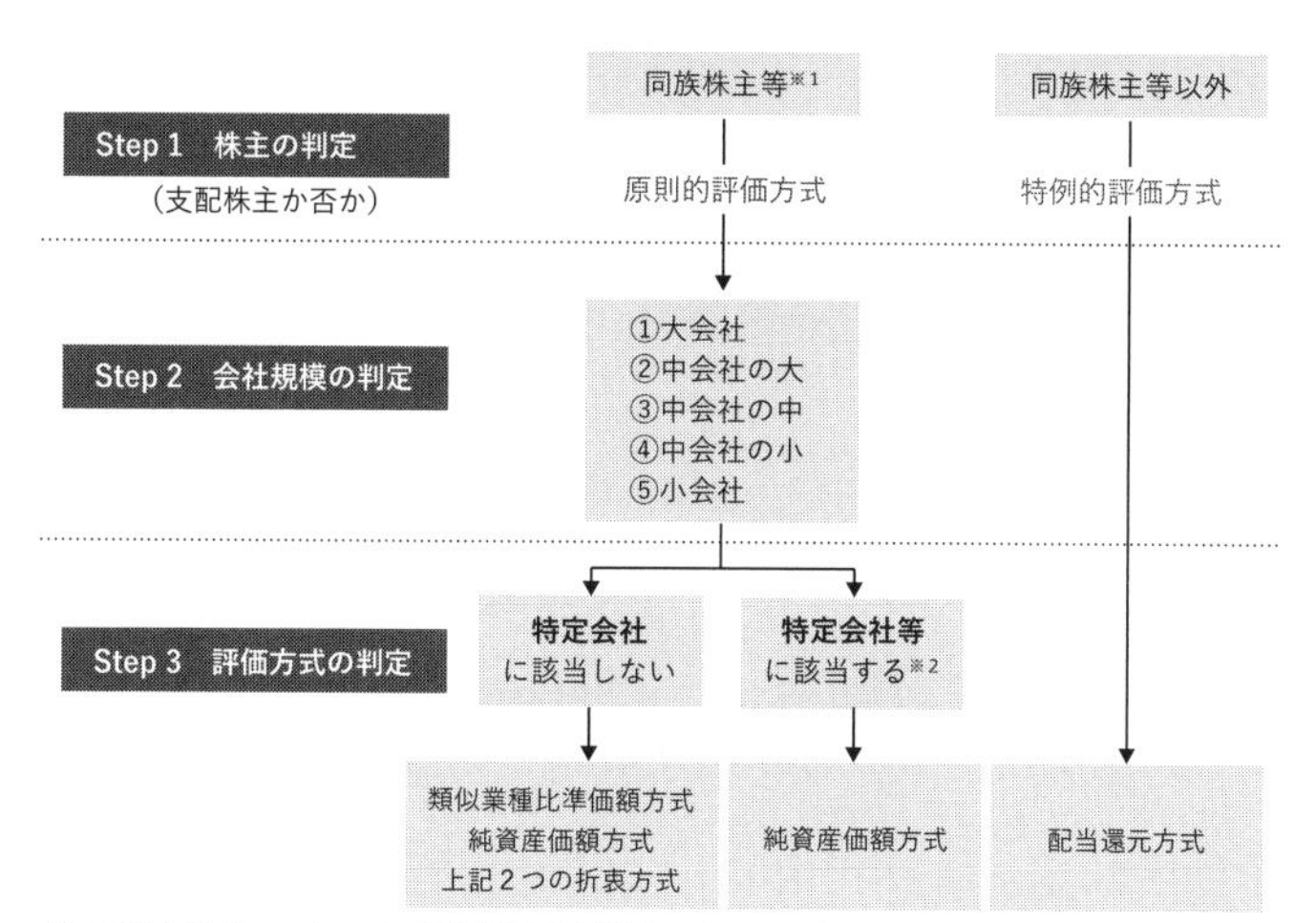

※1 同族株主等であっても、一定の要件を満たす少数株主に該当する場合には、配当還元方式により評価します。
※2 2期連続2要素(配当、利益、簿価純資産のうちいずれか2つ)ゼロの会社(比準要素数1)は
類似業種比準価額25%と純資産価額75%の折衷方式が使えます。

図12 株式評価のステップ

パターン①の場合は、次に「会社規模の判定」のステップに移ります。評価する株式を発行する会社を、総資産価額や従業員数、取引金額により、「大会社」、「中会社の大」、「中会社の中」、「中会社の小」、「小会社」の5つに分類します。

会社規模は「取引高基準」または「従業員数・総資産基準」のいずれか大きい方で判定します。例えば、売上高10億円、総資産3億円、従業員数30人の卸売業があったとします。この場合、取引高でみると、「7億円以上

下記の表の①または②のいずれか「大きい方」により会社規模を判定

① 取引高基準

取引金額			会社区分
卸売業	小売・サービス業	左記以外	
30億円以上	20億円以上	15億円以上	大会社
30億円未満～7臆円以上	20億円未満～5億円以上	15億円未満～4億円以上	**中会社の大** 該当
7億円未満～3億5,000万円以上	5億円未満～2億5,000万円以上	4億円未満～2億円以上	中会社の中
3億5,000万円未満～2億円以上	2億5,000万円未満～6,000万円以上	2億円未満～8,000万円以上	中会社の小
2億円未満	6,000万円未満	8,000万円未満	小会社

② 従業員数・総資産基準

<table>
<tr><th colspan="3">総資産価額</th><th colspan="5">従業員数</th></tr>
<tr><th>卸売業</th><th>小売・サービス業</th><th>左記以外</th><th>70人以上</th><th>36～69人</th><th>21～35人</th><th>6～20人</th><th>5人以下</th></tr>
<tr><td>20億円以上</td><td>15億円以上</td><td>15億円以上</td><td rowspan="5">大会社</td><td>大会社</td><td rowspan="3">中会社の中 該当</td><td rowspan="4">中会社の中</td><td rowspan="5">小会社</td></tr>
<tr><td>20億円未満～4億円以上</td><td>15億円未満～5億円以上</td><td>15億円未満～5億円以上</td><td>中会社の大</td></tr>
<tr><td>4億円未満～2億円以上</td><td>5億円未満～2億5,000万円以上</td><td>5億円未満～2億5,000万円以上</td><td></td></tr>
<tr><td>2億円未満～7,000万円以上</td><td>2億5,000万円未満～4,000万円以上</td><td>2億5,000万円未満～5,000万円以上</td><td></td><td></td></tr>
<tr><td>7,000万円未満</td><td>4,000万円未満</td><td>5,000万円未満</td><td></td><td></td><td></td></tr>
</table>

【計算例】
業種：卸売業
売上高：10 億円
総資産：3 億円
従業員数：30 人

→

【評価方法】
①の基準：中会社の大
②の基準：中会社の中
①と②のいずれか大
⇒ 中会社の大

図13 会社規模の判定基準

30億円未満」である「中会社の大」に。しかし総資産価額でみると、「2億円以上4億円未満」かつ従業員数も「20人超35人以下」なので「中会社の中」と、異なる評価になります。このときは、いずれか大きい方を取って、「中会社の大」に該当されます。このように、システマチックに会社規模は判定されます。

会社の規模が判定されたら、「評価方式の判定」を行う最後のステップにたどり着きます。原則的評価方式の場合は、さらに次の2つに分けられます。

A：類似業種比準価額方式：評価する会社の株式と事業内容が類似する上場会社の株価を参考にして1株当たりの評価額を決定する方式
B：純資産価額方式：評価する会社の課税時期における資産から負債（ともに相続税評価額）や、評価差額に対する法人税等相当額を控除して評価額を決定する方式

結論からお伝えすると、AとBの折衷方式を採用することが大半です。ただし、創業

3年未満や株式の保有割合（株式等の価額の合計額［相続税評価額］÷総資産価額［相続税評価額］）が50％以上、土地の保有割合が高いといった、通常の会社とは異なる要件を満たす「特定会社等」に該当する場合は、純資産価額方式の適用が原則とされます。

AとBそれぞれの算出方法と、会社規模による評価方法は、図14のようになります。

類似業種比準価額方式では、評価会社（自社）と類似会社の「配当」、「利益」、「簿価純資産」の3軸をもとに株価を評価します。類似会社のデータは国税庁が公表しているものを使うことになります。

例えば上場している類似会社の配当が1株10円で、評価会社が1株当たり20円だとしたら、自社の評価は上場会社の株価に比例して2倍となり、その他の要素にもそれを当てはめて算出します。ポイントは、「簿価純資産」の数字を意図的に下げることは難しいですが、「配当」や「利益」は会社の配当性向や業績により上下するということです。配当や利益が下がると株価も下がり、結果的に評価も下がります。

新型コロナウイルスの影響で業績や株価を下げている業種などは、実は評価が下がっているこういったときこそが、少ないコストで次世代に移転ができるチャンスとなるのです。

類似業種比準価額（A）

類似した上場会社の株価に比準させる評価方法（H29 改正項目）

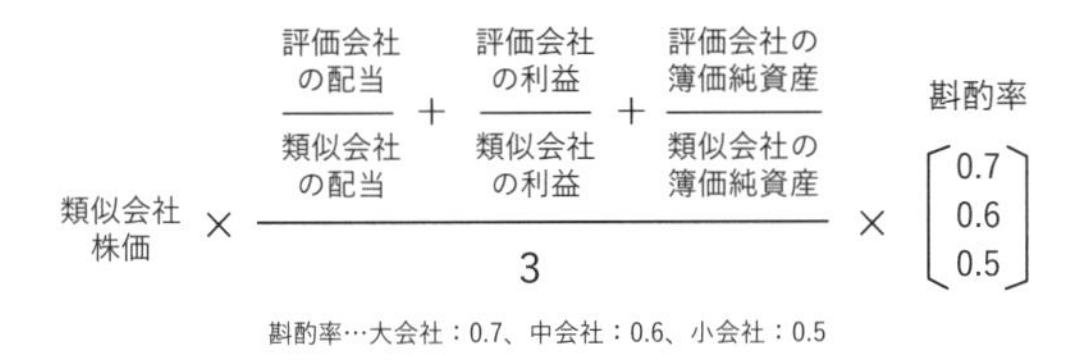

斟酌率…大会社：0.7、中会社：0.6、小会社：0.5

純資産価額（B）

会社の資産価値に着目した評価方法

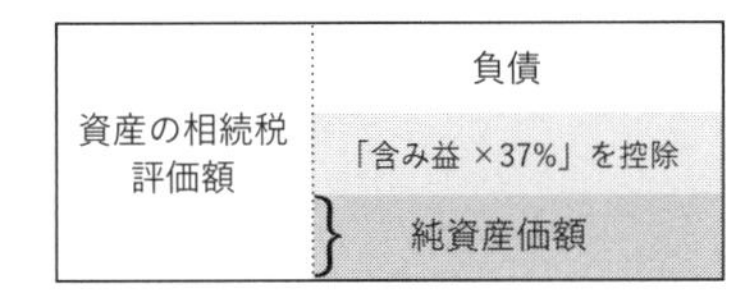

評価方法

単独法又は折衷法

（単独法又は折衷法の選択は納税者有利）

・大会社　B　又は　A

・中会社の大　B　又は　〔A ×0.9＋ B ×0.1〕（2つの方式のブレンド）

・中会社の中　B　又は　〔A ×0.75＋ B ×0.25〕（2つの方式のブレンド）

・中会社の小　B　又は　〔A ×0.6＋ B ×0.4〕（2つの方式のブレンド）

・小会社　B　又は　〔A ×0.5＋ B ×0.5〕（2つの方式のブレンド）

図14 評価方法の判定

最終的な評価方法は、純資産価額方式の単独または、類似業種比準価額方式との折衷法から選びます。基本的には納税者が有利になる方を採用しますが、その結果、ふたつの方式の折衷案となるケースが大半となります。

以上が自社株の評価方法です。おそらく、皆さんのような保険営業の方々が接していて、自社株の承継で困っているのは、「中会社の中」や「中会社の大」の規模の会社だと思います。この規模の企業ほど対策が手薄で、自社株の承継に課題を抱えている可能性が高いのです。経営者が高齢を迎えたいまこそ、保険営業の方々が中小企業をサポートする絶好のチャンスを迎えています。

トラブル例① 自社株式に係る納税ができない

それでは、株式承継の準備をしていないと、具体的にどのような問題が起こるのでしょうか。ここからは、自社株の承継におけるトラブル事例を挙げていきます。まずは、私たちが見てきたなかでも最も多い、「自社の株価が高くて納税できない」というケースです。

ここでは、「利益好調で純資産も多額」の事例を紹介します。

A社は、現状で純資産3億円、現状の利益は年間2000万円と事業は好調で、10年後の利益は年間3000万円と、1・5倍に成長しました。これに伴い株価も約1・5倍（2億円×1・5倍＝3億円）まで上昇しています。順調に発展していたと思った矢先、不慮の事故により相続が発生しました。後継者は自社株を承継しましたが、相続税を支払うための現金は手元にありませんでした。それが気がかりになりビジネスも手につかず、結果として会社の業績も悪化することに……。先代が自社株の承継準備をまったく進めていなかった結果、起きたトラブルです。

経営者が全体の財産を把握していなかったために起こりえるトラブルであり、最も多い標準的なケースでもあります。

経営者の務めは事業を拡大することであり、先代の行ったことに間違いはありません。ただし、その結果として株価も引き上がり、後継者が相続税を支払えなくなるケースは多いのです。この経営者の最大のミスは、財産の確認を行い、大まかな相続税の納税額を押さえていないことでした。

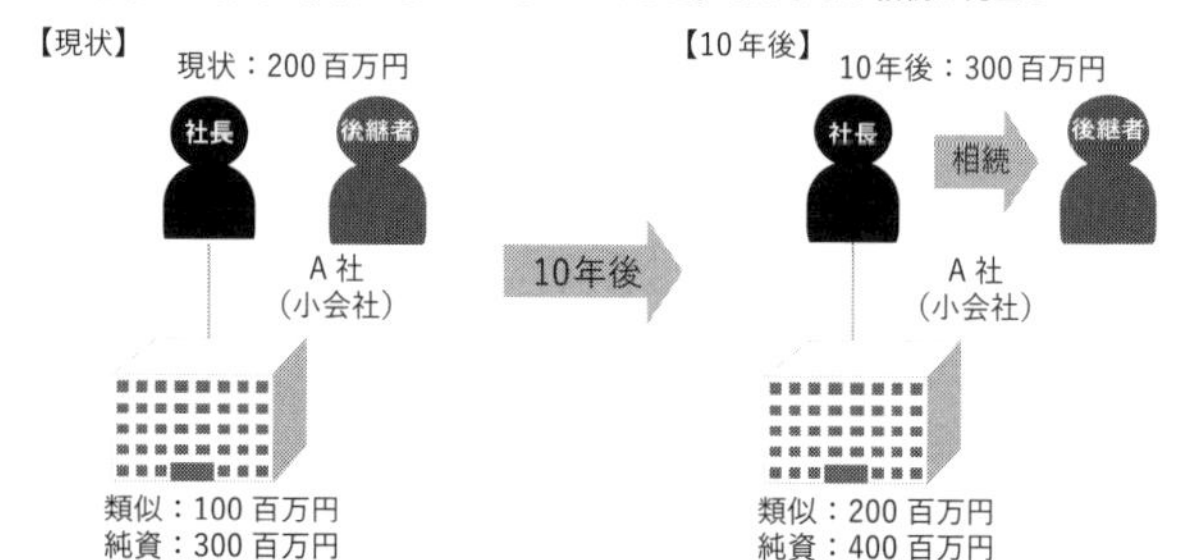

図15「株価が高くて納税できない」ケース

この場合は、利益が好調でも株式評価額に影響しづらい資本関係を構築（組織再編などの活用）したり、生前贈与によって相続税の課税対象になる自社株式を段階的に減らしたり、などといった対策を事前に行うことで、相続発生時の相続税を減らすことができます。

先代経営者として株式を所有しておきたい気持ちはわかります。

しかし、業績が好調なほどその価値が上がり、後の承継コストも増えてしまうのが、株式の特徴でもあります。

会社を永続的に発展させていくためにはどこかのタイミングで後継者に株

式を引き継ぐことは必要なのです。

トラブル例② 非後継者からの遺留分侵害請求

次は「遺留分侵害請求」が発生してしまったケースです。こちらも事例を紹介します。

B社の先代経営者は、合計1億円分の財産のうち、後継者の長男に自宅（3000万円相当）と自社株（5000万円）および納税資金（1000万円）を、事業には一切関わっていない長女に残りの金融資産（1000万円）を相続するという考えで、その旨を記載した遺言書を作成していました。

そんななか相続が起き、長女は1000万円の金融資産を受け取りましたが、遺留分の2500万円（1億円×1／2×1／2）を満たしておらず、不満を感じました。そこで、遺留分に満たない分の1500万円を長男に請求する事態に……。

長男は現金で1500万円を用意することができず、自宅や自社株式を売却して資金を捻出しました。

前提：B 社社長。自宅と自社株式及び納税資金は長男に、残りの金融資産を長女に残したいという考えでした。長男長女の不仲が心配のため、社長は上記の内容を記載した遺言を作成しました。そんななか相続が発生し…

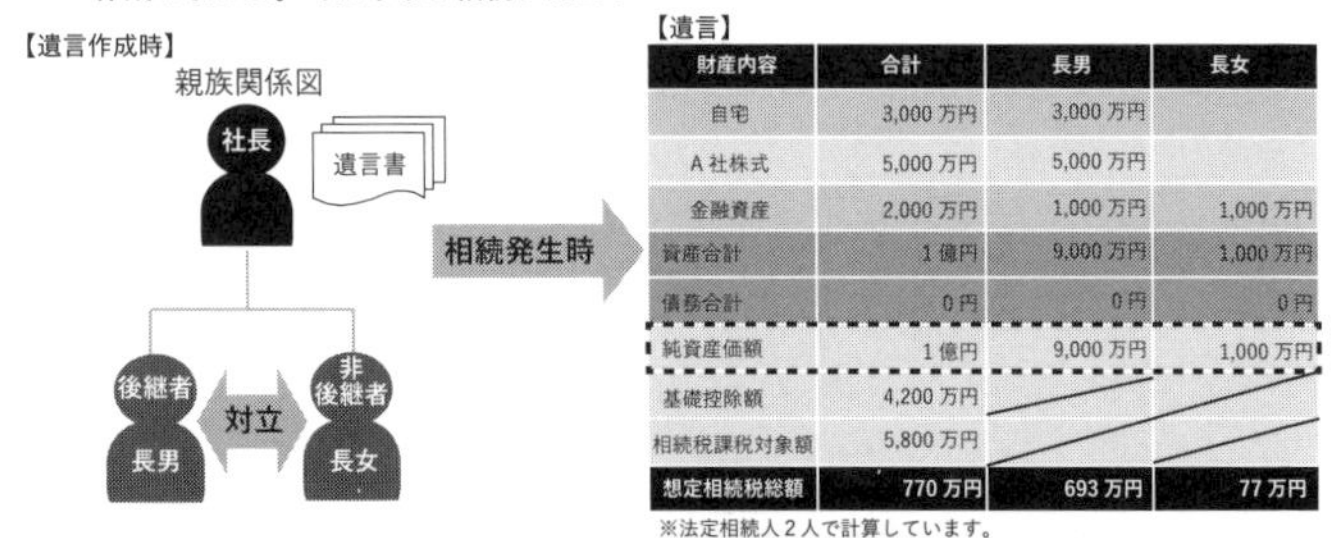

財産内容	合計	長男	長女
自宅	3,000 万円	3,000 万円	
A 社株式	5,000 万円	5,000 万円	
金融資産	2,000 万円	1,000 万円	1,000 万円
資産合計	1 億円	9,000 万円	1,000 万円
債務合計	0 円	0 円	0 円
純資産価額	1 億円	9,000 万円	1,000 万円
基礎控除額	4,200 万円		
相続税課税対象額	5,800 万円		
想定相続税総額	770 万円	693 万円	77 万円

※法定相続人２人で計算しています。

・長女が取得した分が 1,000 万円となっており、遺留分 2,500 万円（1 億円 ×1/2×1/2）を満たしておりません。
・長男は長女から遺留分相当の 1,500 万円（2,500 万円－1,000 万円）を請求され、遺留分支払いのため、自宅や自社株式を売却することに。

こんな対策を…

・遺言書を作成する際には、遺留分に注意する必要があります。
・過去に遺言を作成している場合には、自社株式評価額の上昇により遺留分を侵害していないのかチェックも重要です。

図16「遺留分の争いが発生した」ケース

中小企業の経営者と話していると、多くの方は後継者については口にしますが、事業を引き継がない非後継者のことはあまり話題に出しません。こちらから尋ねると答えてくれますが、「ああ、あいつは社外にいて事業とは関わっていないので関係ないですよ」「娘は嫁に行ったので何も言ってこないでしょう」といった様子です。後継者も、「自分が家業を引き継いでやる」という意気込みとともに、家業を引き継がない兄弟などに対しては「気楽なもんだ」と構えていることもあります。

一方で家業を引き継がない兄弟も、「家業を継ぐといっても、会社は儲かっているし、たいした苦労もないんだろう」「何の努力もしないで莫大な資産を手に入れてうらやましい。私は自分の力で必死に生活しているのに」など、表にしていない想いが渦巻いていることも珍しくありません。こうした暗い感情が相続のときに爆発して、遺留分の請求として形に現れるのです。

こういった感情のもつれによるケースは、遺言書によってある程度回避することはできます。例えば付言事項として、会社を引き継ぐ長男だけではなく、長女に対する思いも残すことはひとつの手です。「長男ほどの財産は遺せないが、あなたにも思いがある」「長男が困ったときは家族で仲良く乗り切ってほしい」といった言葉があるだけで、受け止め方は大きく変わります。

私たちも、遺言書を書いていただく際は、付言事項は必ず明記するようお願いします。もちろんその際は後継者のみならず、非後継者に対する文言も欠かせません。

ほかにも、先述したように、生前に長男に自社株を譲渡するのも手段のひとつです。財産の大半が、容易に分割できない不動産や株式であり、将来的に遺留分請求が懸念される場合、生前に自社株を譲渡して現金に換えておけば財産の構成が変わります。そうすれば、長女にも相応の現金を渡すことができます。先代が元気なうちに、暦年贈与で長女に現金を移しておくこともできたでしょう。

会社を継がない相続人にも人生があり、お金が必要な局面だってあります。だからこそ、遺留分請求が起きないような対話と対策を練っておくのは、最も大切なことです。

遺留分侵害請求はつまり、「家族どうしでお金を争う」こと。一度起きてしまうと、元の家族に戻ることはなかなかありません。親として経営者としてとても悲しい出来事です。

保険営業の方から経営者に、「後継者にはこれだけの財産を遺すとおっしゃっていましたが、ほかのお子さんはどうですか？」とアプローチしてみましょう。「会社を引き継がないのだから、それほど多くの財産は渡さなくてもかまわない」といった答えが返ってきたら要注意です。遺留分の仕組みや侵害請求について解説し、家族構成や互いの関係性なども考慮したアドバイスをしてあげると良いでしょう。

将来起こりうるトラブルをあらかじめ予測し、未然に防ぐアドバイスをしてあげることで、お客さんとより深い関係を築くきっかけとなるのです。

トラブル例③　株式の分散

ここまでに紹介したケースでは、金額が大きすぎる株式の存在がネックとなっていました。遺留分請求のケースでは、譲渡による株式の現金化をおすすめしましたが、株式は全体でひとつになっているわけではないため、1株ずつ譲渡や贈与することが可能です。それにもかかわらず分割をおすすめしないのは、次のようなトラブルが起きる可能性があるためです。ふたつのケースをご紹介します。

まずは、「兄弟間が対立している」ケースです。事例をひとつご紹介します。

C社の経営者にはふたりの息子がいて、後継者は決まっていない状況です。遺言書はつくっておらず、株式の承継も進めていないなか、相続が発生しました……。遺産分割の方針はまとまらず、とりあえず株式は長男と次男で50％ずつ分けたところ、後に経営方針

前提：C社社長には2人の息子がおり、どちらを後継者にする決めかねていました。
当然遺言を作ることもなく、株式の承継も進めていませんでした。
そんななか、相続が発生し…

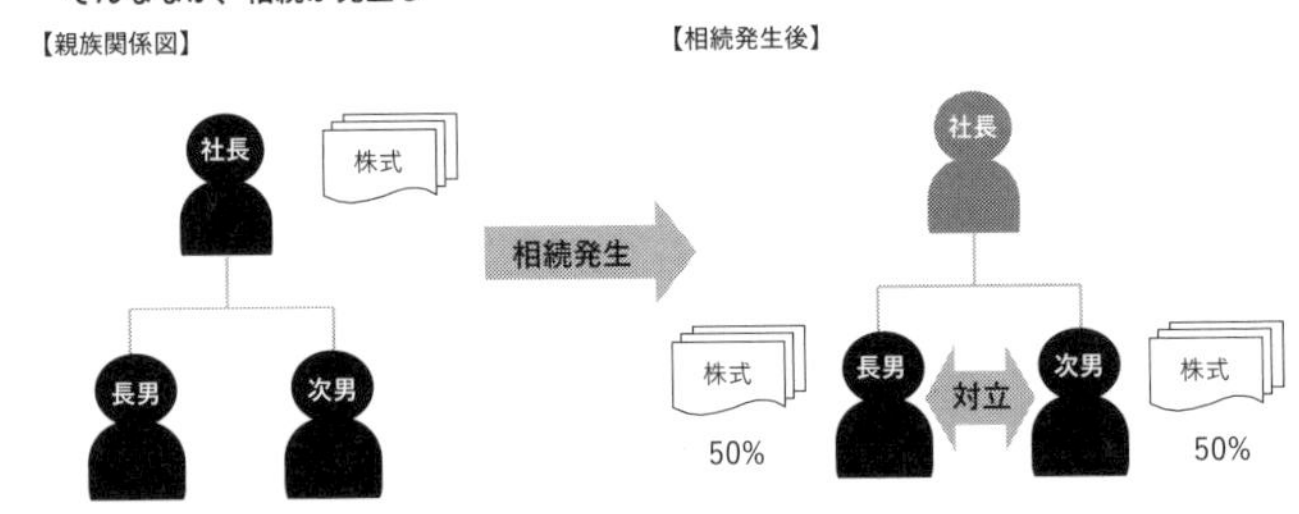

・遺産分割方針がまとまらず、とりあえず長男次男で50%ずつ株式を保有すると…
・経営上の方針を巡って長男次男が対立、ともに50%ずつの保有割合のため、経営方針が決定できず経営が不安定に…

こんな対策を…

・生前に承継計画を検討し、『いつ、誰に、どのような方法で』承継していくかを決定します。
・複数の部門を有する場合には、会社分割の実施などの対策を講じることで、別々の会社を引き継がせるような手法も検討します。

図17「対立により株式が分散した」ケース

をめぐり両者は対立。それぞれが半分ずつの経営権を保有しているため、いっこうに方針はまとまらず、会社の経営は不安定になってしまいました。

これは、後継者を誰にするか決めあぐねているうちに先代が亡くなり、ふたりの子供が株式を相続した結果、起きてしまうトラブルです。生前に承継を計画し、「いつ、誰に、どのような方法で」承継するのか決定しておけば、避けられたでしょう。その会社が複数の部門を持つ場合は、会社分割などの組織再編を行うことで部門ごとに法人化して、別会社の株式として別々に引き継がせることもできます。実際、飲食事業とその他の事業を手掛けている経営者からの相談では、事業ごとの会社分割を提案しました。

もうひとつは、「多くの人に株式が分散した」ケースです。これも事例を紹介します。D社の社長はすでに3代目で、先代の時代からの相続や贈与で、すでに株式は分散していたのですが、危機感はなく、何も対策を打っていませんでした。その結果、その後も20年かけて株主に相続や贈与が発生し、さらに株式が分散し、経営方針の決定が滞るように。さらには、敵対的な株主に自社の株式が渡り、高額での買い戻し請求をかけられ、買取金額をめぐり親族関係に亀裂が入り大変な苦労をしました。

これは、株式が分散した結果、経営権が確保できなくなってしまったケースです。これを防ぐには、現経営者の影響力があるうちに株式の買取交渉や相続人等に対する売渡請求などの手法を用いて株式の集約を行うことです。そうすることで、後継者は経営権を確保できます。ただし、分散した株式を集約させる際は、税務上適正な金額で買い取らないと課税上の問題が生じる可能性がありますので、私たち税理士のような専門家を頼ってほしい場面でもあります。経営権がないと事業の安定的なかじ取りはできないからこそ、しっかり手を打ちたいところです。

旧商法では、株主が7人以上いないと会社が設立できませんでした。そして株主のうち誰かが亡くなると、その人の妻や子供、さらには孫というように株式が分割して相続されていくのです。株式分散を招く理由のひとつでもあります。

また、節税対策として、意図的に株式を分散させてしまう人もいます。すべての株式を長男に相続させると莫大な相続税がかかるからと、暦年贈与などであえて兄弟だけでなく甥、姪、といった遠戚にも株式を贈与してしまうのです。

ひとつめの事例に近いですが、次のようなケースもあります。

E社の経営者には3人の息子がいました。自社100株のうち60株を社長、残り40株を後継者である長男が持っている状況で、社長が亡くなりました。遺言書はなく遺産分割になりましたが、「長男VS次男&三男」の構図でもめてしまうことに……。では、遺産分割が整わない状態では、社長が持っていた60株は誰のものになるのでしょうか。単純に

保有株式数（持株割合）	権利
1株以上	・各種書類の閲覧謄写請求権 （定款、株式取扱規則、株主総会議事録、取締役会議事録、株主名簿、決算書類、附属明細書、監査報告書等）
議決権の1%以上	・株主提案権
議決権の3%以上	・会計帳簿の閲覧謄写請求権 ・株主総会招集請求権 ・取締役・監査役の解任請求権
議決権の10%以上	・解散請求権
議決権の1/3超	・株主総会における特別決議の阻止
議決権の1/2超 （株主総会における普通決議）	・取締役・監査役の株主総会での選任決議 ・取締役・監査役の報酬額の株主総会決議 ・計算書類の株主総会承認
議決権の2/3以上 （株主総会における特別決議）	最低限確保しておきたい議決権割合 ・取締役・監査役の解任権 ・新株・転換社債等の有利発行 ・会社の内容を変化させる事項（減資、合併、定款変更、営業譲渡、解散等）
議決権の3/4以上 （株主総会における特殊決議）	・配当や残余財産を受ける権利等について、株主ごとに異なる取扱いについての定款の定めの変更

図18 持株割合ごとのおもな権利

長男・次男・三男に20株ずつ配分されると思いますが、そうではありません。60株の議決権を行使できる者を、3人の相続人で決めることになるのです。当然、次男と三男は結託するため、長男の主張は通らなくなります。そのため、過半数以上の議決権を行使して、会社に入って経営権を主張したり、役員報酬などを決定することが可能です。60株を次男が買い取って筆頭株主に躍り出ることもできますし、他社へM&Aもできなくはありません。

会社の経営で最も重要なのは議決権です。これらのケースのように、株式が分散し、後継者の持つ割合が少ないと、その他の株主が結託することで経営に口出しされたり、経営権を握られてしまったりすることがあります。

理想は、経営者（後継者）が100％、もしくは少なくとも3分の2以上の株式を持つことです。そのための準備を、前もって進めておく必要があります。

トラブル例④ 社員からの自社株買取要求

節税のために保有株式の絶対量を減らそうと、後継者以外にも株式を渡してしまうケースを紹介しました。そして第4章でもお伝えしたように、株式は親族以外に渡すこともできます。そのため、次のようなケースが起こることもあります。

F社の社長は、自社の従業員に自社株を渡していました。株主になってもらうことで、業績向上による配当が、社員の積極的な経営参画やモチベーション維持に繋がるという考えもあったのでしょう。ところがある日、以前に会社と対立して辞めた元社員が、他の少数株主を巻き込んで、株式買取の請求をしてきました。会社には買い取る余剰資金はないものの、このままの状態で後継者に会社を継がせるわけにもいきません。結果、銀行から資金を借りましたが、計画にない借入だったため、会社の資金繰りは目に見えて悪化しました。

従業員個人に自社株式を渡してしまったがゆえに起きてしまった悲劇です。

対策としては、例えば従業員持株会の導入などにより、従業員にも株主としての権利を与えつつも、従業員の退社の際には、当初の取り決めの金額で従業員持株会が買い取り、株式の社外流出を防ぐといった方法が考えられます。

繰り返しになりますが、株式の分散はつまり、議決権の分散です。

わざわざ社長自らで将来のリスクを高める必要はありません。従業員が経営者には忠誠を誓っていても、後継者に対して忠誠を誓っているとはかぎりません。経営者は自身の影響力があるうちに、自社株の集約に向けて行動を起こしておく必要があるのです。

トラブル例⑤ 分掌変更の退職金

最後に紹介するのは、事前準備もなく焦って株式を承継したことで起きた事例です。決算時期が近づき、納税予想をしたところ多額の納税が生じるとわかり、退職金を支給して節税しようと考える経営者は多くいらっしゃいます。会社を後継者に継がせ、自分は退職金をもらって会長や顧問になるのです。しかし後継者にまだ経営手腕がないため、経営自体は自分がやる、という経営者もいます。代表取締役は退いたが会長や監査役として引き続き社内に残ること、これを分掌変更といいます。

何が問題かというと、その後に税務調査が入った際、「先代経営者がまだ経営をしているのなら、以前払った退職金は実質的には給料でしょう」と指摘されてしまうのです。

多額の退職金を支払い、意図的に会社の利益や純資産を下げ、株価も下がったタイミングで後継者に自社株を承継するというのは、よく見られる手段です。退職金は税務で非常に優遇されており、個人側は通常の給料に比べ半分の税金で済み、法人側も経費扱いにでき、法人税を多く減らすことができます。

ところが、それがあとから「給料」という扱いになると、莫大な税金が課せられることになります。法人側では役員賞与となるため損金にならず、また源泉所得税の徴収と納付漏れ、個人では給与所得として課税されるため退職所得よりも高額な納税となります。いわゆるトリプルパンチです。法人の経費として認められなければ、利益や株価も上昇するため、株式承継コストも跳ね上がります。

事業承継対策のなかで、退職金を出して株価を下げるというのは以前から王道のやり方として勧められています。私たちも決して否定はしません。ただし、それだけが先行して人的承継の準備、つまり後継者の育成ができていないまま形式上だけ承継を済ませても、このようなトラブルを招くだけです。院政を敷いていると、税務署は必ず実態を探ってきます。事業承継は経営者だけの努力で表面的に一朝一夕のうちにできることではないのです。人的承継と物的承継、その両方の準備を並行して、余裕を持って進めましょう。

保険活用例①

退職積立保険で退職金支払いに備える

ここからは、自社株承継のサポートにおいて、保険を活用してできる対策を紹介します。まず紹介するのは、最もスタンダードな対策。将来を見越して終身保険などに加入しておきましょうという事例です。実際に、ある保険営業の方が中小企業の事業承継コンサルをしたことをきっかけに、退職金の積立保険の加入に繋がりました。

その会社では現経営者が退任する際に、退職金の原資が不足していることが判明しました。銀行からの借入で資金を調達して支払いましたが、この経験により後継者は、早めの積み立てが必要だと認識したそうです。そこで、事業承継をサポートしてくれた保険営業に相談し、万が一の際の借入に対する保障と退職金支給のための終身保険に入りました。

デメリットも特になく、やっておいて損はない対策です。ですが、節税効果が薄いためか意外と認知度は低く、取り組んでいない経営者は多いのです。

単純に、「ご自身が亡くなったあとの会社の運用資金のために、どうですか？」と提案しても、「会社には資産がたくさんあるからいらないよ」「定期預金があるから大丈夫だよ」と言われてしまうでしょう。


しかし、これまで散々お伝えしてきたように、事業承継には多額のお金が必要となります。私たちも「計画的に準備しておけば良かった」と漏らす経営者や後継者をたくさん見てきました。だからこそ、そういった事実やリスクを伝えたうえで、「そのための対策としていかがでしょうか？」と提案すれば、経営者にはより響くでしょう。

通達改正により、現在は損金扱いができる商品は以前よりも少なくなりました。しかし、「将来の事業承継時の退職金支給を見越して円定期預金に入れるくらいなら、保険で運用しませんか？」という提案は十分響くでしょう。投資信託などで備える手もありますが、退職金をリスク商品で運用したくない経営者もいるはずです。保険の安全性をアピールできる場面でもあると思います。経営者だけではなく、役員など社内の要人にも使えるので、積極的に提案していただきたい方法です。

保険活用例②　生命保険で遺族の株式を買い取る

次に紹介するのも、経営者自身を被保険者にした死亡保険に会社名義で入っていただく方法です。ある会社で、事業を引き継ぐ予定の後継者が急死し、法人で入っていた生命保険の保険金が会社に入りました。その資金で、会社から遺族に死亡退職金と弔慰金を今後の生活資金として支給しました。また会社は、生命保険金を原資として、会社に関わりのない妻とお子さんが相続した株式の自社株買いも行い、株式の分散を防ぎました。こうした手を打つことで、自社株の分散も防ぐことができるのです。

ポイントは、経営者や後継者に対して、自身に不慮の出来事があると株式分散などのリスクが生じる可能性があること、そしてその分散を防ぐには資金が必要になると伝えることです。それに備えて、会社にお金が入る生命保険を契約しましょうと、案内できるので

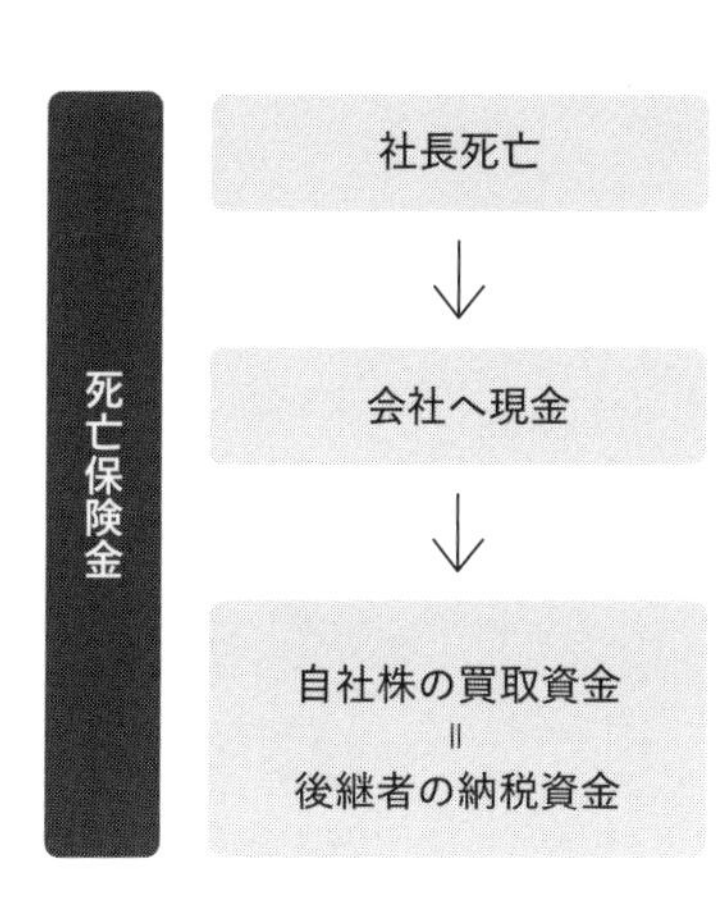

図19「保険を活用して株式の分散を防いだ」ケース

す。

株式を保有する役員がいる場合も同様です。会社名義の生命保険があると、もし相続によって株式が分散した際、買い取るための資金に充てることができます。相続で引き継いだ株式を一定期間内に会社が買い取る場合は、「みなし配当の特例」が適用されて税率は20・315％になり、株式を売却する相続人側の税金負担も抑えられるメリットもあります。

まさに生命保険が会社の死亡保障として活躍し、株式分散を防いだ事例といえます。

保険活用例③ 生命保険と死亡退職金で株式の評価を下げる

続いて紹介するのは生命保険と死亡退職金を使って自社株の評価を引き下げる手段です。以前、次のようなケースがありました。

ある会社の経営者が亡くなり、長男が事業を引き継ぐことになりました。ところが、この会社の株式評価がかなり高く、およそ20億円の評価となりました。後継者も数千万円の資金は持っていましたが、納税資金には到底足りなかったのです。まさしく、138ページで紹介した「自社株式に係る納税ができない」ケースですね。

このとき、亡くなった経営者が受取人を会社にした保険に入っていたことで助かりました。経営者が亡くなったため会社に多額の保険金が入り、それを基に、遺族である後継者に死亡退職金を支払うようにしたのです。死亡退職金の支給は受け取った保険金以上だったため、この支払いによって会社の資産は減り、自社株の株価も下がります。つまり、相続税を減らすことで納税に必要な資金を減らすことができました。後継者は会社から支払われた死亡退職金を納税資金に充てることもできました。加えて、ほかの相続人にも残りのお金を配分することで、遺留分侵害も避けることができました。

死亡退職金は会社から後継者に支払われます。つまり、亡くなった方の財産にはなりません。そのため、遺産分割の対象にはならず、遺留分の対象にもなりません。後継者のために確実に残しておける資金なのです。

株式評価額が高い会社の場合は、経営者だけの準備ではなく、後継者やその他の相続人とも事前にコンセンサスを取り合って、こういった対策を立てておくことが重要です。

保険活用例④　保険の「一物二価」を活用する

最後に紹介するのは、会社で入った生命保険契約そのものを退職金として渡す手法です。

これも、事例をベースに解説します。

　ある中小企業の経営者には、後継者のほかにお子さんがふたりいました。おもな財産は自社株のみで、キャッシュは十分といえないため、後継者の納税資金や非後継者への遺留分相当額に不安があり、退職金の積立用に会社で生命保険に加入していました。

　そしていざ退社をする際、株式は自身が保有したまま、事業は後継者に。そして退職金支払いのために積み立てていた保険は、解約して得た解約返戻金を支給するのではなく、その保険契約そのものを現物支給することにしたのです。

　というのも、この保険の当時の解約返戻金は1億円でしたが、終身保障は2億円であったためです。経営者は退職時に現金がほしいというより、自身が亡くなって相続が発生したあとの、子供たちの資金繰りが心配だったのです。そのため、いま現金で1億円をもらうよりも、死亡時に2億円入るほうが良いと考えました。

　そのときに解約すれば1億円だけれど、死亡時には2億円の価値になる。解約返戻金と保険金額、ひとつの保険契約がふたつの価値を持つ、「一物二価」とよばれる特性です。保険の受取人は後継者にしていたため、遺留分相当額や自社株を相続する際の納税資金も確保できました。

◆役員退職金の資金使途が「相続税納税資金」「相続問題回避資金」である場合にはオススメ
◆オーナーは相続時の納税資金や遺留分対策費用として、保障を残し続ける
（後継者が保険金受取人）
◆解約返戻金額相当金額の退職金で、それ以上の保障を確保することができる

前提：役員退職金：1億円支給　生命保険：解約返戻金額＝1億円 / 死亡保険金額2億円

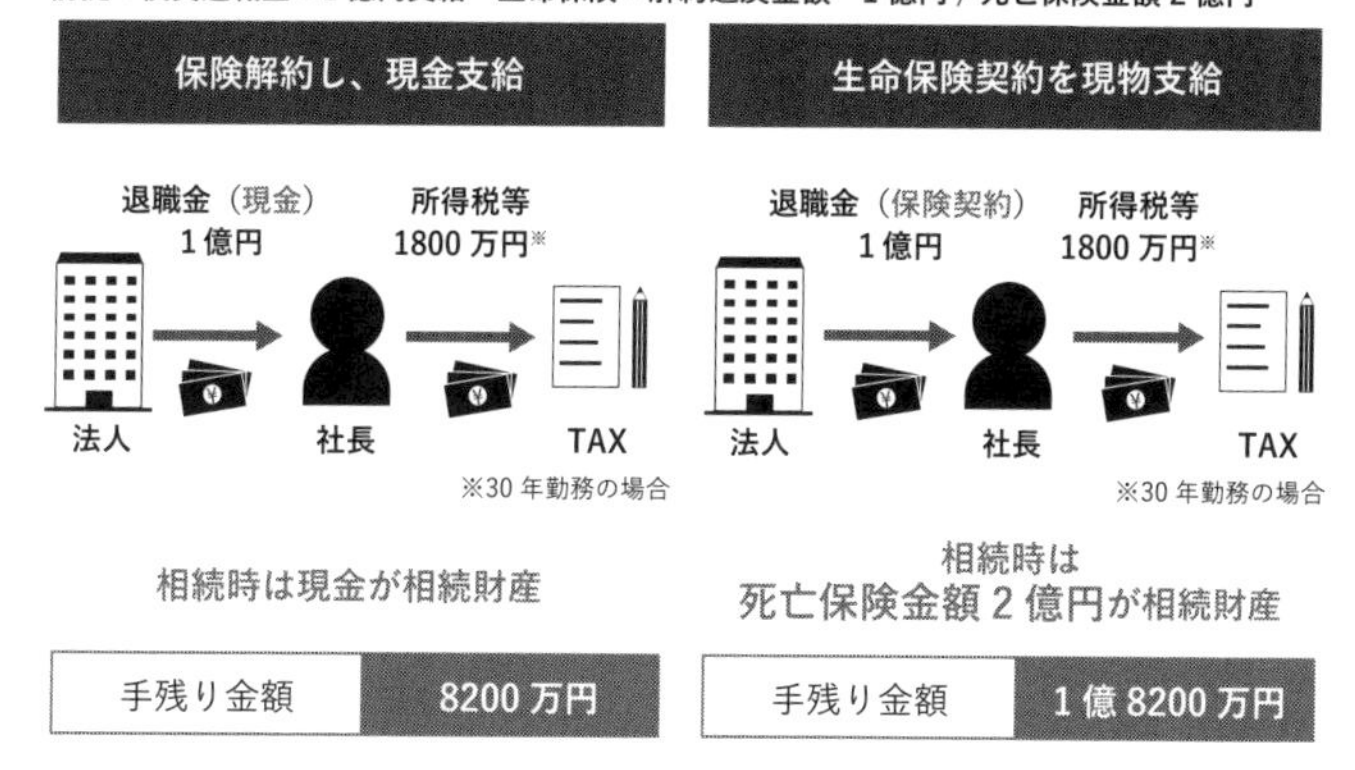

図20「保険の一物二価を活用した」ケース

要するに、途中までは会社に保険金を支払ってもらい、自身の退職時に退職金と相殺する形でその保険契約を買い取るような形です。その保険契約は自身が亡くなったときに莫大な資金をもたらすわけですから、長い目で見れば得なのです。これは、役員退職金の使途が「相続税納税資金」や「相続問題回避資金」である場合にお勧めの手段です。

ただし、例えば定められた退職金が2億円、保険の解約返戻金が2億5000万円だとすると、その保険契約を得るためには、経営者は不足分の5000万円を会社に払う必要がある

ので要注意です。

なお、２０２１年６月に、所得税基本通達36－37「保険契約等に関する権利の評価」が公表され、令和元年７月８日以後契約の低解約返戻型の保険の現物支給・買い取りを行う場合には、『解約返戻金＜資産計上額×70％』のものについては、資産計上額での移転を行う必要があります。

第5章

保険を活用した「相続」の支援策

保険営業が知っておくべき「相続の仕組み」

ここまで、事業承継の４本柱のうち、「財務」「後継者」「自社株」について、その概要と対策について詳しくお伝えしてきました。第５章では、最後の柱である「相続」において、保険営業だからできる、保険を活用した支援のあり方をご紹介します。

第４章と同様に、具体的な活用法に入る前に、まずは相続の基礎知識について確認していきます。

相続とは、被相続人（亡くなった人）が所有していた預貯金や不動産といった財産を、相続人（遺族など）が引き継ぐことです。一般的には配偶者や子供、兄弟姉妹が相続人になりますが、生前に遺言書を作成しておけば家族は言うまでもなく、家族以外の第三者に財産を引き渡すこともできます。

また、自社株は相続財産の一部になります。前章で述べたとおり、優良企業であればあるほど自社株の評価額は高くなります。それに伴い、相続の際にかかる税金額も増えます。経営者が亡くなった際、この自社株にかかる相続税はたとえ中小企業であっても数千万円、場合によっては数億円単位になることもあり、重い金銭的負担が発生してしまうことが、事業承継における大きな問題でもあります。

ただし、こうした実態を熟知する中小企業経営者は少ないでしょう。株式の承継と同様に、相続の概要や流れを理解していないことも珍しくありません。相続が発生する前であれば対策ができるにもかかわらず、危機感がなく、対策を講じていなかったために、いざ相続が発生した際に後継者に迷惑がかかってしまうのです。

そこで、保険営業の皆さんが相続についての知識も持ち、この面においても経営者をサポートできれば大きな強みとなるでしょう。

そのために押さえておくべき基礎知識として、まずは相続税の計算方法についてご説明します。専門的な部分であるため、ここでは概要にとどめますが、大まかな額だけでも伝えられると、経営者や後継者に対して相続の重要性を訴えることができるでしょう。

まず取り掛かるのは、「資産（相続財産）合計」の把握です。相続の対象となるのは、以下のような財産になります。

・不動産（宅地や建物、店舗など）
・現預金、貸付金、売掛金、小切手、保険など
・自社株式、上場会社株式
・動産（自動車、家財、貴金属、宝石など）
・ゴルフ会員権、電話加入権、慰謝料や損害賠償請求権など

こうしたプラスの財産もあれば、借金や買掛金といった負債、各種税金、水道光熱費などの固定費といったマイナスの財産も、相続の対象となります。

ちなみに、生命保険や死亡退職金は非課税枠（500万円×法定相続人の数）があるため、全体には相続税が課税されません。香典、仏具などは非課税財産として相続財産に含

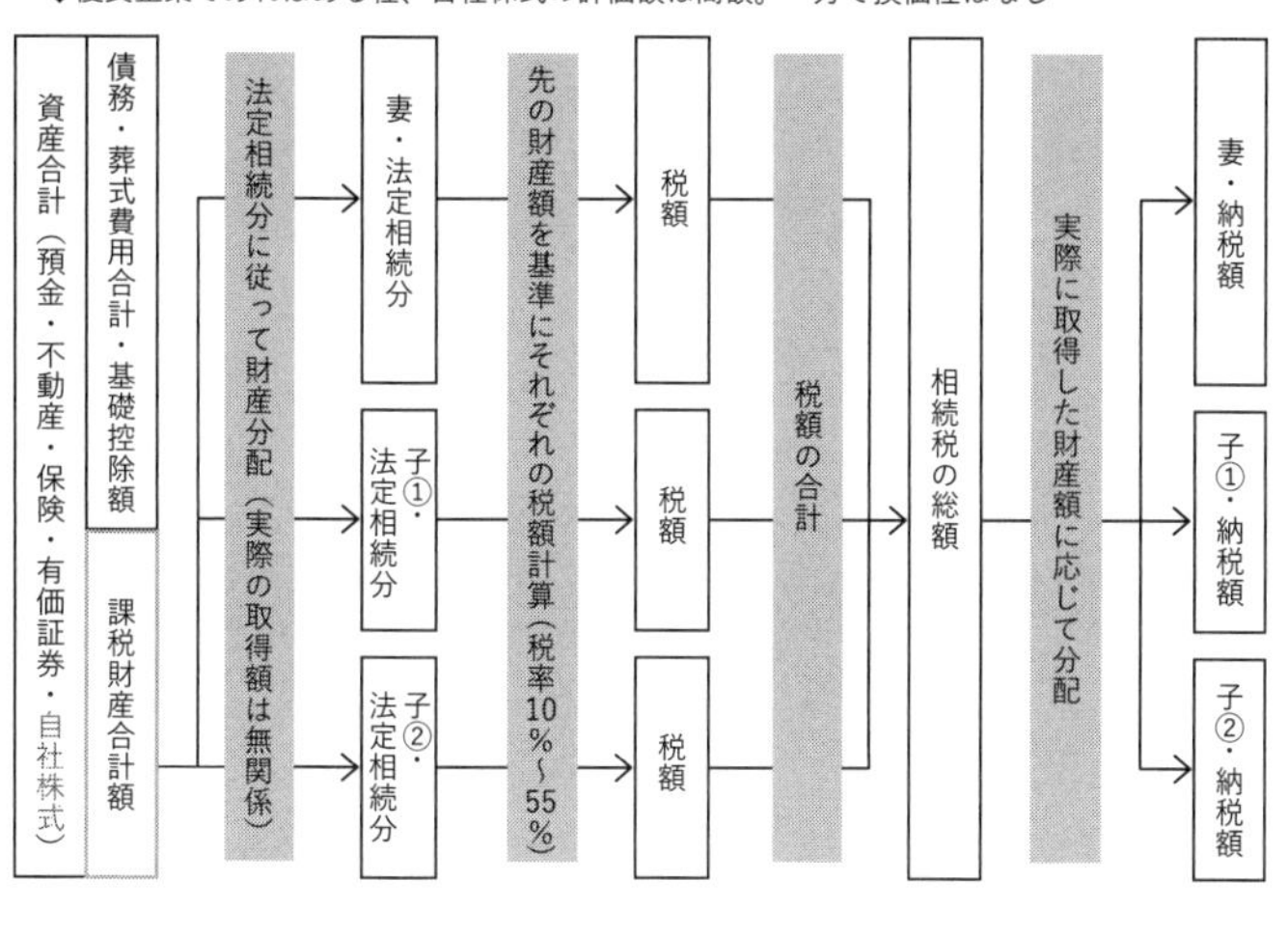

図21 相続税計算の流れ

まれません。

相続の対象となる資産の合計がわかると、次はそこから債務・葬式費用の合計や相続税の基礎控除額（3000万円＋［600万円×法定相続人の人数］）を差し引き、「課税遺産総額」を明らかにします。そして、配偶者は全財産の2分の1、子供たちは均等に分けるなど、法律によって定められた配分（法定相続分）によって相続人に分配されます。

相続税は、その法定相続分で分配された各人の財産額に応じて累進で課税されます。この相続税についてのイメージがついていない人は意外に多いのです。セミナーで「財産に対して何％ほど課税されると思いますか？」と尋ねると、参加者の多くは「数％くらい」、「自分がもらうのが1000万円ほどなら10％くらいでしょうか」との答えが返ってきます。ですが、相続税率はもらう額に対して一定ではなく、全体の財産の額が多いほど高く、少ないほど低くなります。

気をつけなくてはいけないのは、税率や控除額は「自分が受け取る財産」ではなく「全体の財産」によって決まるということです。その後、財産の分配割合に応じて、相続税も分配されます。

例えば、1億円の財産を持つ父親が亡くなり、長男と長女が相続人になったとします。財産には株式や土地も含むため、話し合いの結果、長男が9000万円、長女が1000万円を受け取ることになりました。この場合、4200万円（3000万円＋［600万円×2人］）の基礎控除が引かれ、課税財産は5800万円になります。これを一度、法定相続分で分けます。すると、ひとりあたりの課税財産は2900万円となります。相続税の計算上、3000万円以下の場合の相続税を速算表で計算すると税率15％、そして50万円の控除があります。つまり、ひとりあたり385万円、ふたり合計で770万円が相続税の総額となります。この770万円に、相続人ごとの実際の相続割合を考慮して計算すると、ひとりあたりの納税額は、693万円が長男、77万円が長女に課税されます。

　では相続財産が10億円で、9億9000万円が長男、1000万円が長女に渡るとすると、それぞれの相続税負担はどうなるでしょうか。基礎控除額は変わらず4200万円なので、課税財産は9億5800万円です。これを法定相続分で分けると、ひとりあたり4億7900万円に。この場合は税率50%、控除額は4200万円となるため、ひとりあたり1億9750万円、ふたりで3億9500万円の相続税がかかることになります。これを、実際の相続割合を考慮して計算すると、長女には395万円が課税されることになるのです。

　長女からすると、同じ1000万円を相続する行為なのに、後者の場合は約5倍の税金がかかり、負担が大きく変わります。なぜかというと、相続税は全体の財産によって算出して、その総額をもとに、財産の相続割合によりそれぞれの相続税額を計算する仕組みだからです。

つまり、「もらう額」ではなく「全体の額」によって決まるのです。その結果、このような不公平感が生まれてしまいます。ここが、相続税計算の難しいところです。

セミナーでは先ほどのように「1000万円しか相続しないのであれば、税率は一番低い10％ですよね?」と、すなわち相続する1000万円に対してだけ相続税を納付すれば良いと考える人が多いのが実情ですが、そうではないのです。

その結果、相続税が発生した際に「これでは割に合わない」と不満を持ち、配分や相続税負担が原因で争いに発展するケースが少なくありません。


こうした仕組みは、自社株の相続にも影響します。仮に10億円の価値のある自社株を含む相続財産があり、今後の会社経営のためにひとりが自社株をすべて引き継いだとしても、全体では莫大な相続税がかかり、後継者はもちろん、ほかの相続人も多くの相続税を負担しないといけません。

その際、先に述べたように中小企業の株式は相続税評価が高額にもかかわらず換金性が低いため、相続税の負担は重いのに手元の現金はわずかであるという事態になります。同じ相続財産でも預金や上場株式はお金に換えやすいのですが、自社株は簡単に売り払うことはできず、その結果、納税資金が足りなくなってしまうのです。

また、優良企業であればあるほど業績は右肩上がりになるため、自社株の評価額も年を追うごとに上昇します。これも将来の相続時の資金不足を招く要因となります。

相続にはトラブルの火種が多い

ここまでお伝えした相続税の問題以外にも、相続には様々なトラブルがつきものです。

例えば、財産分割について。被相続人が作成した遺言書がある場合は、遺言書の内容に基づく分割手続きになりますが、遺言書がない場合は、法定相続分によって分配したり、誰がどの財産を相続するのかを相続人全員で話し合う「遺産分割協議」によって決めたりすることになります。ここで話がまとまらないと、家庭裁判所に申し立てて選任された調停員を介した「遺産分割調停」に移行し、話し合いは泥沼化、かつ長期化してしまいます。

また、これまで説明したように、民法は一定の相続人が最低限の財産を受け取ることができる「遺留分」の制度を設けています。自身が相続する財産がこの遺留分に満たない場合は、当事者は遺留分侵害請求を起こし、金銭による解消を求めることができます。つまり親族間同士で金銭について法的に争う可能性もはらんでいるのです。

こういったトラブルを生まないためには、遺言書による対策も含めて、事前に様々な手を打っておく必要があります。

遺された人たちに遺産分割協議を丸投げするのは、大きなホールケーキを目の前にした子供たちにナイフを渡して、「自分たちで相談して切り分けてごらん」と言っているようなものです。

普段はそんな素振りを見せていなくても、お金を得られる機会が現れた途端に「家業を継ぐのだからたくさんほしい」、「子供の教育費がかかるからこれじゃ足りない」など、欲望がでてくることは珍しくありません。これは人間の性質であり、責められるべきことではありません。そのため、事前に対策を立てるのは、なにも自分の家族を疑う行為ではないのです。

むしろ、家族のそんな一面を発露させてしまわないためにも、遺言書という「ケーキの金型」を用意するなど、トラブルの芽を摘む対策が必要なのです。

トラブル例① 相続税が支払えない

それでは、実際に相続においてはどのようなトラブルが起きるのでしょうか。いくつかの事例を紹介しながらお伝えします。

最初は「相続税が支払えない」というケースです。


G社は、後継者をすでに役員の立場で自社に招き入れていました。ところが、経営者が堅実であったため、会社の内部留保を優先し、役員報酬は必要最低限しか受け取っていませんでした。相続への関心は低く、相続税の納税額試算もしていませんでした。

そうしたなかで相続が発生したところ、相続財産の大半が高額な自社株式で2860万円もの相続税が発生することに……。十分な役員報酬を受け取っていなかったため、先代の金融資産は1000万円しかなく、それを含めても、後継者はあと1860万円もの納税資金を確保する必要がありました。後継者はその資金を持っておらず、結果的に、不動産の売却や銀行からの借入によって資金を調達することになってしまいました。事業は承継できたものの、不安定なスタートです。

これは、会社を良くしようと思うあまり、会社にお金を貯めておきたいと考える、堅実な経営者に多いケースです。本来は自分や後継者が受け取るべき役員報酬をとらずに会社の内部留保としてしまった結果、承継のための資金を用意していなかった例です。役員報酬は最高税率55％の所得税が適用される一方、法人税の上限は30％程度なので、自分が受け取るよりも資産として会社に置いておく方が節税になると考えたのかもしれません。実際、会社に現金を貯めて将来に備える経営者はたくさんいます。

ですが、内部留保はあくまで会社のお金であり、個人の資産にはなりません。会社を思う気持ちはわかりますが、相続税を払うのは法人でなく、あくまでも個人です。たとえ会社にお金があっても、後継者だからといって、そのお金を自由に使うことはできません。

この場合、生前に相続の試算を行い、相続税額や後継者の納税資金を把握し、不足する場合は生命保険や退職金を活用して後継者に資金を渡し、相続納税資金を確保させる対策をしておくべきでした。

こうしたトラブルは、評価額の高い自社株を持っていながら、現金資産が少なく、得たお金を不動産など他の資産に換えている経営者によくみられます。保険営業の方は、「相続が発生する資産のイメージはつきますか？」「相続税を支払うための資金力はありますか？」などの問いで状況を把握し、保険はもちろん、投資信託など現金化しやすい資産に現状の資産を変換させるといったアドバイスができるでしょう。

トラブル例② 資産が分割できない

次に取り上げるのは、資産の分割におけるトラブルです。事例を紹介します。

H社は先代である父親が亡くなり、子供である兄弟に相続財産が分割されることになりました。ところが、財産の大半は不動産だったため、分割できません。預貯金は少なく、兄が不動産、弟が現金と分けると不均衡が生まれ、トラブルに発展しそうでした。話し合いは進まず、兄弟間で気まずい雰囲気が漂ってしまい、父親の相続をきっかけに疎遠となってしまいました。

これは不動産オーナーの相続でよくみられる事例です。換金性が低く、分割も容易ではない不動産が資産の大半を占めると起きやすいトラブルです。とりわけ、この事例のように不動産を相続する場合、売却して現金に変えないかぎり、不動産は分割できません。「不動産は相続人で共有すれば良いのでは？」との声も聞こえそうですが、そのときは良くても、あとになって「持ち続けるのか」「売却するのか」で意見が分かれると面倒です。共同保有者のうち誰かが亡くなり、その人が持っていた所有権をさらにその相続人たちが共有することになった結果、気がつけば何十人もの人に所有権が分割されていたということもあります。登記簿を見たら、自分が持っている権利は16分の1だけだったというケースもありました。

共有不動産を売却するには全員の承諾が必要となるのが原則です。仮に相続で共有としたとしても、売却して得たお金を共有持分ずつに分ける「換価分割」にすれば問題ありません。しかしそれが難しい場合は、誰かひとりが相続するほうが安心です。収益不動産を共有した場合、ある共同所有者は「売りたい」、片や別の共同所有者は「家賃収入があるのにもったいない」など、考え方の違いからトラブルに発展することがあるためです。

第4章で、自社株も複数人ではなく後継者ひとりに集中させるべきだと伝えましたが、それは不動産も変わりません。長男は自社株と有価証券、次男は土地と建物という現物分割、あるいは5000万円の価値がある土地と建物を相続した長男が2500万円の現金を次男に支払う代償分割といった方法を検討しましょう。

そういった対応ができるかどうか、先代経営者の財産状況と後継者の財産状況を確認し、問題があるようであれば早めの対策をする必要があります。

トラブル例③　無駄な相続税を払うことに

次に挙げるのは、先を見越した対策をしなかった結果、相続税の負担が重くのしかかっ

前提：父が亡くなり、配偶者の税額軽減を最大限活用するため、母が財産をすべて取得。
一次相続の相続税は0円で安心していた。

・数年後、母が亡くなり、二次相続では相続税を多額に支払う結果に。
・二次相続の相続税額は4,060万円

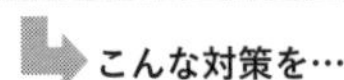
こんな対策を…

・一次相続時に二次相続の税額のシミュレーションを行う
・一次相続で配偶者が1,600万円取得し、子が残りを取得した場合…

一次相続税額　合計　1,926万円
二次相続税額　合計　0円　　合計税額　1,926万円

図22「二次相続で無駄な相続税を払った」ケース

てしまった事例です。

　中小企業I社の経営者である父、そして母とひとりの子供の家庭で、経営者だった父親が亡くなりました。配偶者の税額軽減（配偶者が相続した課税対象の財産額が1億6000万円まで、あるいは配偶者の法定相続分までなら相続税がかからない制度）を最大限活用するために、母親が1億6000万円の財産すべてを相続しました。この時点で母親は2000万円の固有財産を持っていたので、財産総額は1億8000万円に。

　それから数年間、母親はつつましく、自身の年金で細々と暮らし、父親から

相続した財産や自身が持っていた財産には手を付けませんでした。数年後に母が亡くなり二次相続が発生することになりましたが、子供には1億8000万円が相続されることになり、4060万円の相続税が発生しました。一次相続はまったく税金がかかっていませんでしたが、二次相続では莫大な税金がかかることになることを知り、子供は途方にくれました。

173ページの「相続税が支払えない」の事例とも似ていますが、ここでのポイントは、この相続が二次相続であったことです。

たしかに配偶者の税額軽減の効果は絶大です。財産額によっては数億円規模で相続税を減らすこともできます。そのため目の前の問題を解消するだけで良いなら、「とりあえず配偶者が相続しておきましょう」とアドバイスする税理士もいます。ただし、遺された配偶者も高齢だった場合、この事例のように数年後には配偶者にも相続が発生します。本来であればそこも見据えたアドバイスが必要です。

資産を次世代に移転させるには「相続」「贈与」「譲渡」の3つしかありません。相続を上手に活用すれば税負担を抑えて次世代へ資産を移転させることができます。

例えばこのケースなら、一次相続のときに二次相続のシミュレーションも行い、配偶者が1600万円、残り1億4400万円を子供が相続する形も考えられました。これなら、一次相続時に1926万円の相続税が発生しますが、二次相続時に母親から3600万円（一次相続分1600万円＋母固有分2000万円）を相続しても、相続税はかかりません。結果、金銭的負担を2000万円以上も減らせます。

配偶者が比較的若くて健康な場合は、本人にその意思があるのなら、いったんは母親が遺産すべてを相続し配偶者の税額軽減を最大限活用したうえで、暦年贈与で財産を動かすという手段も考えられます。

トラブル例④ 生前贈与で損することも

第4章でも紹介しましたが、暦年贈与は年間110万円以下なら非課税となる制度です。110万円以上の贈与は課税対象になるため、110万円以上の贈与は避けたいと考える人は少なくありません。ですが、たとえ贈与税がかかったとしても、相続税と比べたら少なく済む場合もあります。110万円以上の贈与でも、結果的に見たら節税効果が出ることもあるのです。一定規模の財産がある家庭なら、基礎控除を超えた枠でも贈与をしておいた方が良いことがあります。

現金ではなく自社株でも同様です。株の場合は株価が低いうちに暦年贈与しておくと、将来株価が上昇することによる負担増が回避できるため、さらに効果的です。

つまり、「相続税額と贈与税額の差をうまく使う」ということです。相続税の適用税率よりも贈与税の適用税率が高くならないように注意して、非課税枠を超えた「攻めの生前贈与」をしましょう。そもそも、暦年贈与の非課税枠内の贈与では、5000万円を渡しきるのに約45年もかかってしまいます。目先の税負担に振り回されるのではなく、全体像をとらえ、トータルの負担を抑える方法を考えるべきです。

贈与は自分で金額や実行を決定できるのもポイントです。例えば、自身もまだまだ若く、元気なうちは贈与額も200万円とか300万円などに抑えておいて、年齢を重ねてく

相続税の適用最高税率を知ろう

贈与金額を決定の上で、自身に相続が発生した場合に、どの税率が適用されるのかが最も重要になります。

例：財産額４億円　妻１人　子１人の場合……40%の適用最高税率

相続税の速算表

（財産額－基礎控除）×法定相続割合		適用税率	控除額
	1,000万円以下	10%	-
1,000万円超	3,000万円以下	15%	50万円
3,000万円超	5,000万円以下	20%	200万円
5,000万円超	1億円以下	30%	700万円
1億円超	**2億円以下**	**40%**	**1,700万円**
2億円超	3億円以下	45%	2,700万円
3億円超	6億円以下	50%	4,200万円
6億円超		55%	7,200万円

贈与税の適用税率は自分で選択できる

相続税の適用最高税率を把握できたら、次は贈与金額の決定です。
相続と異なり、贈与は自分で贈与金額・実行を決定できることがメリットです。
相続税の適用最高税率よりも低い税率で贈与すれば少ない税負担で次世代へ移転させることが可能になります。

贈与税の早見表

	一般贈与		特例贈与	
贈与額	贈与税額	実行税率	贈与税額	実効税率
111万円	1,000円	0.09%	1,000円	0.09%
200万円	9万円	4.50%	9万円	4.50%
300万円	19万円	6.30%	19万円	6.30%
400万円	33.5万円	8.40%	33.5万円	8.40%
500万円	53万円	10.60%	48.5万円	9.70%
1,000万円	231万円	23.10%	177万円	17.70%

特例贈与：20 歳以上の者が親や祖父母から受ける贈与
一般贈与：特例贈与以外の贈与

図23「攻めの生前贈与を活用する」ケース

ると次第に500万円に変更、といった具合に各人のライフスタイルに合わせてプランニングすることが可能です。相続税の適用税率より低い税率で贈与すれば、少ない税負担で財産を次世代に移転できます。そのためには、相続が発生した場合にどの税率が適用されるか、いくらまでの贈与なら相続税を下回れるかなどを確認しておきましょう。

トラブル例⑤　認知症によるトラブル

最後のトラブル例として、多くはないものの、発生すると厄介なトラブルを紹介します。それは、相続人が認知症になっているケースです。超高齢社会に突入し、老老介護も珍しくない現代日本では、知っておくべき事例です。

父親が亡くなり、配偶者である母親が認知症になっている場合、遺産分割をする際は裁判所手続きを経て、後見人を立てる必要があります。そして法定相続分以上での分割が強制的に適用されるため、先ほどのトラブル例③の事例のように、二次相続時の相続税負担を考慮して配分を変えるといった対策がとれなくなります。

さらに、後見人が決まるまでには数ヶ月を要し、なおかつ相続税の申告と納税の期限は相続発生時から10ヶ月以内と定められているため、後見人決めに時間がかかるとあっという間に時間が過ぎてしまい、できる対策もできなくなってしまう恐れもあります。


そうならないためには、遺言書を書いておくことはもちろん、預貯金のうちいくらかを相続財産から外れる生命保険にしておき、子供に渡しておくなどの対策が有効です。1億円の財産があった場合、そのまま相続が発生すると5000万円が認知症である配偶者に渡りますが、そのうち3000万円を保険にして子供に渡しておけば、相続財産は7000万円となります。配偶者が受け取る金額を3500万円に抑えられ、二次相続対策にも繋がります。

このように相続においても、保険を活用した対策は有効なのです。

相続対策4つのポイント

ここまで、事業が順調であるかないか、自社株の評価が高いか低いか、財産の種類がどうなっているかにかかわらず、経営者の相続においてはトラブルが起きやすいことを確認してきました。

では、それらのトラブルを事前に回避するためには、どのような対策を打てば良いでしょうか。相続の対策はおもに「遺産分割」「納税資金確保」「財産移転」「評価引下げ」の4つの面に集約されます。

まず考えるべきは、「遺産分割」対策です。相続開始から10ヶ月以内という申告納税期限のタイムリミットがあることに加えて、未分割だと税務上の特例（配偶者の税額軽減、小規模宅地等の課税価格の特例など）を受けることはできません。また、分割が決まらないと、被相続人の預貯金口座は凍結されたままで、納税資金に充てることもできません。

最も懸念すべきなのは、分割の争いによって肉親同士が疎遠になることです。これまで幾度となく見てきましたが、兄弟間で遺留分侵害の請求などが起きると、それまでの関係に戻ることはできません。

財産だけではなく人間関係にも影響するだけに、保険はもちろんのこと、遺言や家族信託などを活用し、しっかりと対策を練っておきましょう。

次に「納税資金確保」についても考えないといけません。相続税は原則的に現金一括納付です。一方で金融資産を潤沢に持つ人は多くなく、財産が土地や建物といった不動産ばかりだと、相続税は多額になり、分割もできず、売却するか誰かが借金をして納税するといった事態になりかねません。これも、なるべく早くから行動に移したい対策です。

そして「財産移転」対策、つまり財産の「量」を減らす対策も有効です。暦年贈与などを早いうちから活用し、できるだけコストを抑えて財産の移転を進めます。先述した「相続時精算課税制度」などの仕組みもあります。どういった制度を使うと最も有利になるか考えたうえで、対策を講じましょう。

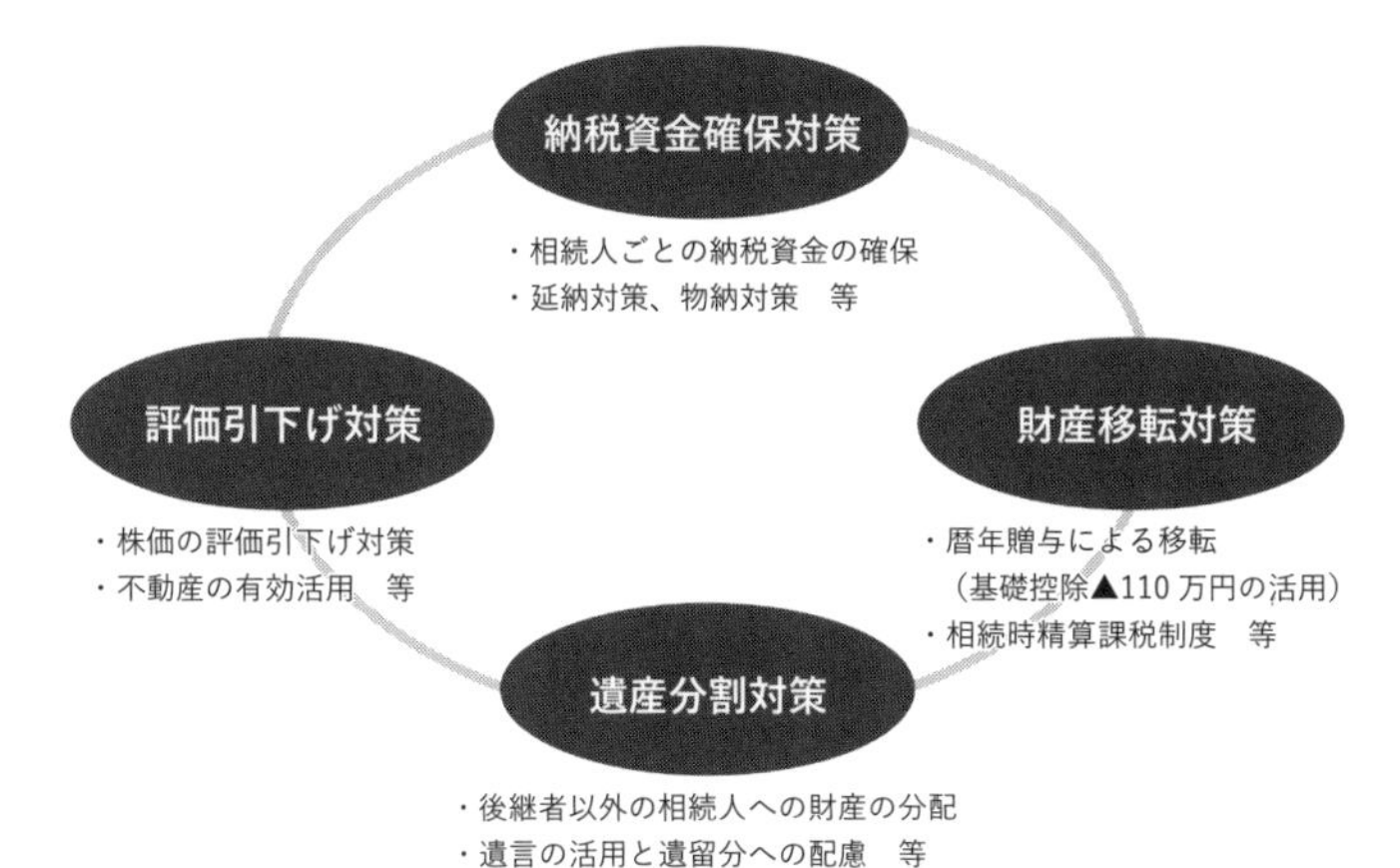

図24 相続対策4つのポイント

最後に「評価引下げ」です。これは財産の「価値」を減らす相続税対策です。最も基本的な対策であり、これまで挙げてきたような、特別な支出をして利益を圧縮するなどして自社株式の評価を下げるといった方法があります。とりわけ、不動産購入の効果は大きいことで知られています。

とはいえ、相続税額を抑えられるからと、「1億円の物件を買いましょう」と言われて「わかりました」とはなりません。効果は期待できたとしても、難易度も高い対策と捉えるべきでしょう。また、不動産を買って自社株の評価を引き下げたとしても、それによって現金は少なくなるため、いざ資金が必要になったときに工面できず、せっかく相続対策で購入した不動産が「負動産」になってしまうリスクもあります。また、最近では、相続税の軽減のみを目的とした不動産購入について、路線価評価や固定資産税評価などの低い評価額ではなく、不動産鑑定評価などの実勢価格で評価する、といった最高裁判決も出ています。そちらのリスクも加味した上で、不動産購入は慎重に行う必要があります。

以上の4つの対策を、バランス良く検討・実行するのがポイントです。そして4つの対策すべてにおいて、保険を活用してできることがあります。まずは「遺産分割」における対策から始め、それぞれの対策における保険活用法を見ていきましょう。

保険活用例① 生命保険を活用した遺産分割

相続における4つの対策のうち、最も重要であり、最初に検討していただきたいのが「遺産分割」の対策です。

ここでは、生命保険は遺産分割の対象にならず、受取人を指定できるという点がポイントです。つまり、財産を遺したい人に確実に遺せる方法なのです。

例えば、子供同士でパワーバランスがあり、気の強い長男が遺産の多くを独り占めするのではないか、相続財産の多くが事業に関係する不動産や自社株で、後継者がほとんどを承継してしまうのではないか、といった懸念がある場合に有効です。受取人を指定した保険を契約することで特定の人に確実にお金を遺せるため、ほかの相続人に対するケアに使うことができます。財産を現金のままにしておくと、自身が認知症など要介護状態になった際、肉親や後見人に自由に資金を使われるリスクもあります。資産を保険の形に変えておくと、そうしたリスクも避けられます。

この活用法が発揮されるのは、経営者本人が「遺言書を書きたくない」という場合です。上記のようなトラブルは遺言書を書くことでも回避できますが、「そんな縁起でもないことはしたくない」といった理由で拒む人はいまだに多く、なかなか浸透していないのが現状です。遺言書を書くことで周囲を心配させたくないという人もいるでしょう。

そういった経営者に対して、遺言書とは別の手段として保険を提案してください。

保険活用例② 納税資金の確保

次に紹介するのは、4つの対策のうち「納税資金確保」における対策です。

ここでは、保険が本来持っている「貯蓄性」の特性が発揮されます。

相続税を試算し、その支払いに備えるために、必要な金額を得られる保険に入る方法です。形式は一時払いでも良いですし、月払いや年払いで少しずつ支払っていくのでもかまいません。これによって相続税を事前に確保できていれば、その他に持っている預貯金はある程度自由に使うことができます。簡単に言えば、お財布を別にしておくようなものです。

保険の貯蓄性を活用するのであれば、単純に「預貯金でも良いのでは?」という声も聞こえそうですが、預貯金は年数が立たないと積み上がっていきません。保険は入った時点である程度の金額が手に入ることが確定します。日数を掛けずに準備できるのが最大のメリットとなるのです。

　また、「経営者がすでに潤沢な預貯金を持っているのであれば、その現金資産を相続できるのだから、後継者はそれを使って相続税を払える。わざわざ保険に入る必要はない」という意見もあります。ところが、相続財産となった預貯金は、遺産分割が確定しないと口座から引き出せません。たとえ現金が100万円でも1億円でも、納税期限である10ヶ月が経つまでに分割が済まなければ、1円も使えないのです。

　民法が改正されたことにより一定額までは遺産分割不要で引き出せるようになりましたが、金額としては最大でも150万円と多くはありません。

　一方で保険は、被保険者が亡くなり死亡届を提出すれば、1ヶ月もすると遺族に保険が入ります。相続税の納付だけでなく、四十九日や初盆にも備えることができます。必要なときに必要な現金を調達しやすいのも、保険の利点なのです。

保険活用例③　暦年贈与による生命保険の活用

　次は「財産移転」における保険を活用した対策についてです。ここではおもに贈与における活用法を紹介します。

年間110万円まで非課税で贈与できる暦年贈与は、もらい手の子供にとっては、経営者である親から毎年110万円のお小遣いをもらうようなイメージです。ここで親の不安として浮かび上がるのが、子供の無駄遣いです。「節税はしたいけど、無償で大金を与えることで、子供の金遣いが荒くなったり、浪費を招いたり、金銭感覚が狂ったりするのは困る」、「将来の相続税支払いなどの出費に備えてしっかり貯蓄してほしい」。そう考える経営者は多いのです。

そこで、贈与した110万円を保険料とした保険契約を結ぶことで、子供の浪費を防ぐというのが、ここでの活用法です。

具体的には、契約者は後継者である子供、被保険者が経営者である父親、保険金受取人が子供という形態の生命保険に加入します。そして暦年贈与したお金を、保険料に使ってもらいます。預貯金はいつでも引き出せる状態にありますが、保険料として払ってしまえば、解約には手続きを踏まないといけません。それだけで、無駄遣いのかなりの抑制になるはずです。税務的にも、子供の受取時の保険差益分は一時所得となり、税金の軽減効果

- 暦年贈与はしたいけれども、子供が使ってしまわないか心配…
- 生命保険の非課税枠は使い切ってしまった…

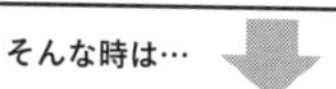

「生前贈与　＋　生命保険」の活用を検討してみてください！

【保険の契約形態】

■契約者：子（受贈者）

■被保険者：父（贈与者）

■保険受取人：子（受贈者）

■保険金受取時の課税：子の一時所得（所得税）※

※一時所得の計算＝【{（収入金額△払込保険料）−500,000 円} ×1/2】× 所得税累進税率

ポイント　**親の相続時に子の手元資金が潤沢であるため、代償金としても使える**

留意点　**贈与の証拠はしっかり残す・父の確定申告で“生命保険料控除”は受けない**

図25「保険を活用して暦年贈与する」ケース

も得られます。

　また、贈与のひとつの形として、経営者が持っている賃貸物件の建物自体を子供に贈与し、そこから得る家賃収入を子供に受け取らせる方法があります。

　いわゆる「果実を生み出す木」ごと子供に贈与する、という手法です。

　建物を贈与すると贈与税は発生しますが、建物は固定資産税評価額で贈与することができます。土地も含めて贈与すると多額の贈与税がかかることが多いですが、建物だけですとそこまで贈与税が生じないケースが多いのです。

これにより、財産が移転できるばかりか経営者自身の所得税も軽減し、将来の相続税の負担も軽くなります。

ただしこの場合も、家賃収入を得ることで、子供が浪費をしないかという不安は湧き起こります。そのためここでも、子供を契約者とし、経営者である親を被保険者とした生命保険に加入しておくと、無駄遣いを避けられるばかりか、もしもの場合に相続税の納税資金として使うことができます。

この活用法は、営業の方にとっては便利な方法となります。経営者がすでに暦年贈与などの対策をしている場合であっても、「でも、お子さんがそのお金をどう使うか心配じゃありませんか？　それなら生命保険を活用した良い手段があります」と、プラスアルファの方法として提案できるからです。複数の子供やお孫さんにも使える方法なので、興味を示す経営者は少なくないでしょう。

保険活用例④ 名義預金対策としての活用

暦年贈与は便利な仕組みですが、被相続人が相続人用の口座に贈与をする際、そこにはある落とし穴が存在します。それは「名義預金」です。

「名義預金」とは、亡くなった被相続人の名義ではなくても、その人の財産として申告に含めないといけない預金のことです。生前贈与によって子供に資産が移っていたとしても、「被相続人から現金を贈与された証拠（贈与契約書・贈与税申告書など）がない」、「相続人名義の預金の届出住所・届出印・申込書の筆跡・印鑑と被相続人のものが同一」「相続人が預金通帳を管理しておらず、被相続人がずっと管理していた」といった場合は、贈与はしていても、実質的には被相続人の財産（名義預金）とみなされてしまうのです。そして、被相続人の財産として相続税の課税財産になる可能性があります。

例えば、相続発生後に妻と子供が困らないよう年間110万円の暦年贈与をしていました。ところが贈与契約書は作成してなく、通帳や印鑑は本人（経営者）が保管しており、妻と子供は通帳の存在を知りませんでした。もちろん、基礎控除以下の贈与だからと贈与税申告もしていませんでした。

その後、経営者が亡くなり相続税の申告をしたところ、暦年贈与を積み立てていた口座について、税務署から調査が入ってしまいました。口座は妻と子供名義であったため、相続財産にはならないと思い、財産から除いて申告していたのです。

しかし、「贈与の認識はないですよね？」「通帳や印鑑の管理は被相続人（経営者）がやっていましたよね？」「あなたが稼いだお金じゃないですよね？」などと税務署から指摘され、相続人は贈与の証明をすることができませんでした。結果的に経営者の相続財産として申告することになり、相続税ばかりか、延滞税など多くの支払いが発生してしまいました。

このように、贈与のつもりで相続対策を行っていたにもかかわらず、名義預金として課税されることはとても多い事例です。

この場合の指摘事項で多いのが、妻や子供といった受け取り手の定期預金に直接入金してしまうことです。ただでさえ動きがない定期預金口座にお金が振り込まれると、それは

前提：相続が発生したあとも妻と子が困らないよう年間110万円の贈与を行っていた。
　　　贈与契約書は作成しておらず、また、通帳や印鑑は夫が保管していた。
　　　妻と子は通帳の存在を知らず、また、基礎控除以下の贈与であったため、
　　　贈与税申告も行っていない。

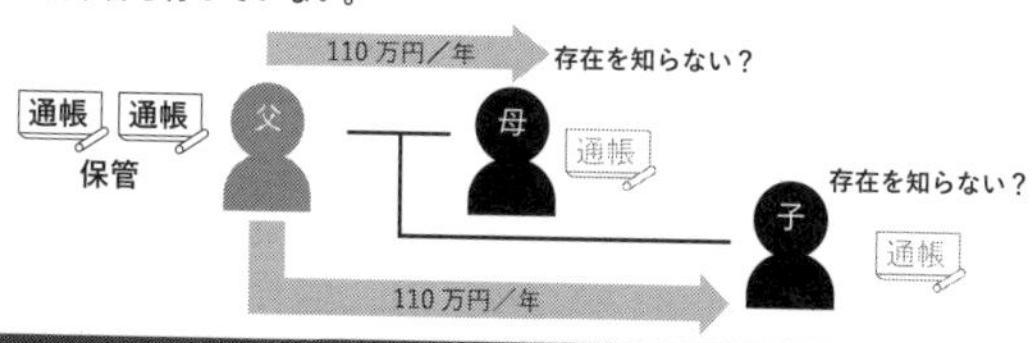

・夫が妻・子名義で積み立てた財産は相続財産にならないと思っていたので、相続税の申告では財産から除いて申告を行った。
・相続税の調査が入り、夫の財産として申告することとなり、延滞税など多くの税金を支払うはめに

こんな対策を…

✓ 贈与の事実をはっきりさせること
- ■ 贈与の証拠を残す
  - ✓ 自筆捺印の贈与契約書
  - ✓ 基礎控除内の贈与ではなく、例えば111万円贈与し、1,000円納付の贈与税の申告を行うことで対外的な証拠書類となる。
- ■ 贈与財産は受贈者が管理する
  - ✓ 贈与契約は口頭でも成立するが、あくまでも受贈者の認識が必要！

図26「保険を活用して名義預金対策をする」ケース

ただ名義を変えただけの財産だと疑われても仕方がありません。定期預金として持ちたいのであれば、せめて一度、妻や子供の生活口座に振り込んでから、口座名義人の手によって定期預金に移すようにしましょう。

つまり、贈与が成立するにはお金を渡すだけでは不十分で、受け取った側の認識も必要なのです。片思いではなく、お互いに認識している「両想い」の状態にしておかないといけません。

ここでも、保険を活用できます。贈与の受贈者に保険に入ってもらい、贈与で得たお金の一部を保険料として

払っていただくのです。これにより、受贈者が贈与を得ていた認識の証明に一役買うことができます。

ほかにも、贈与者・受贈者が自署捺印した贈与契約書を作成したり、基礎控除内の贈与ではなく、あえて111万円の贈与をして贈与税の申告を行い、受贈者が控えを保管しておいたりと、対外的な書類を残す方法もあります。口座も、相続人が届出をして開き、相続人が通帳を管理します。贈与契約は口頭でも成立しますが、受贈者が認識していたと対外的に示せる証が必要なのです。

保険活用例⑤ 非課税枠による評価引下げ

最後に紹介するのは、相続対策4つの柱の4本目「評価引下げ」における保険の活用法です。ある事例を紹介します。

定期預金3000万円、そのほかに1億7000万円、合計で2億円の資産を持つ父

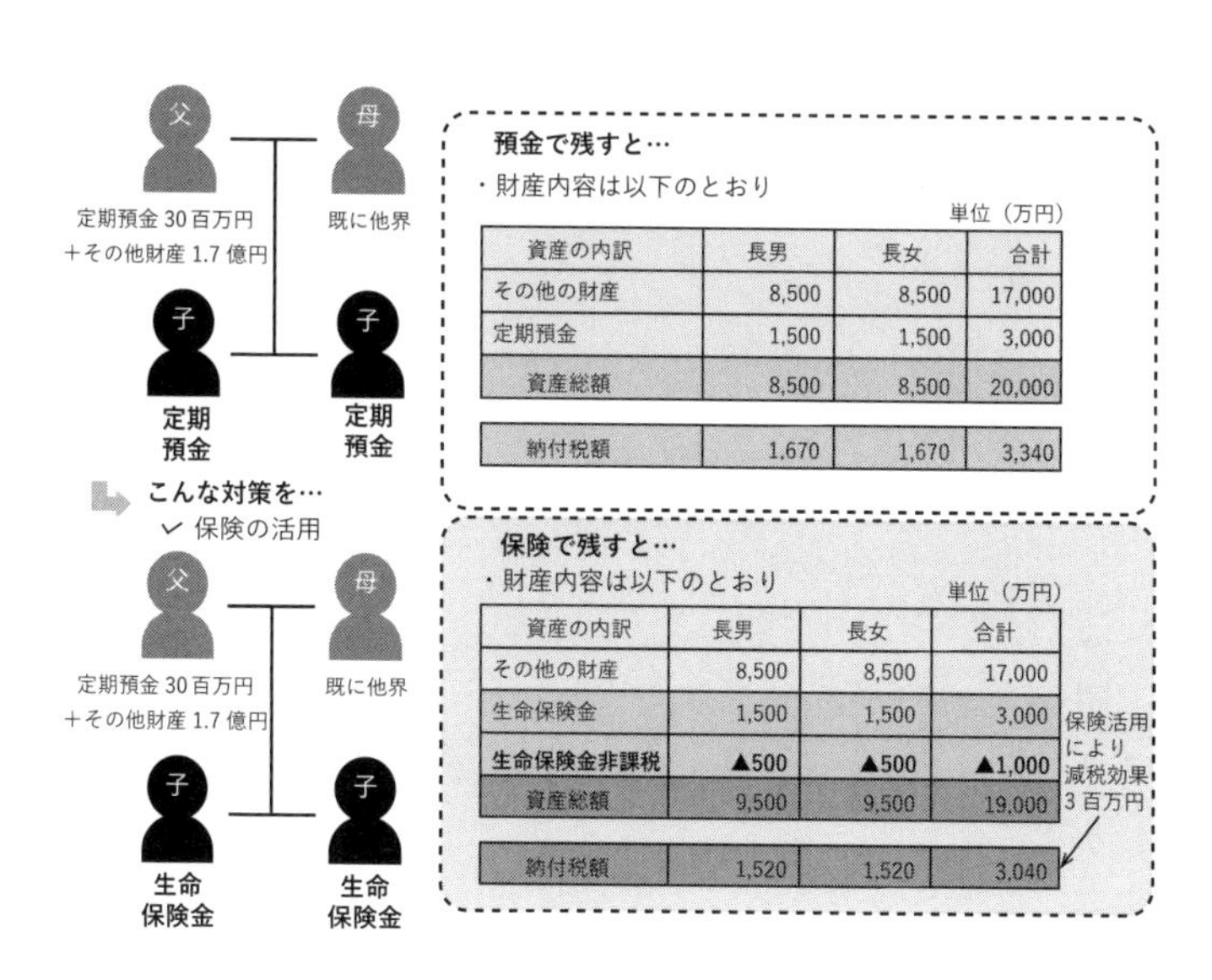

資産の内訳	長男	長女	合計
その他の財産	8,500	8,500	17,000
定期預金	1,500	1,500	3,000
資産総額	8,500	8,500	20,000
納付税額	1,670	1,670	3,340

資産の内訳	長男	長女	合計
その他の財産	8,500	8,500	17,000
生命保険金	1,500	1,500	3,000
生命保険金非課税	**▲500**	**▲500**	**▲1,000**
資産総額	9,500	9,500	19,000
納付税額	1,520	1,520	3,040

図27「保険の非課税枠を活用する」ケース

親が亡くなり、長男と長女が相続することになりました。財産すべてが現金だった場合、図のように相続すると、それぞれに１６７０万円、合計３３４０万円の相続税負担が発生します。

ところが、父親の定期預金３０００万円を生命保険にしていたらどうでしょう。生命保険には「遺された人たちの生活を支えるため」という、非常に重要な役割があります。そのため、相続人が保険金を受け取る際は「５００万円×法定相続人の数」が非課税限度額となります。この場合なら「５００万円×２人」、すなわち

１０００万円までの生命保険金については相続税が課税されません。非課税限度額の１０００万円を超えた部分が相続税の課税対象となります。その結果、長男長女それぞれの税負担は１５２０万円、合計３０４０万円となり、３００万円の節税になるのです。

ここまでに紹介した活用法には、おそらく保険営業の方々にとっては当たり前のものもあったかと思います。しかし、経営者を含め、世の中の多くの方は相続の仕組みのことを知りません。保険は遺産分割の対象外なので、遺したい相手に財産を渡したいという被相続人の想いを実現でき、相続人の納税資金の確保にもなります。たったひとつの保険で、相続や事業承継に苦しむ家庭を救えるかもしれないのです。

ぜひ保険営業の皆さんから、顧客である経営者の方々にお伝えしてほしいと思います。

「信頼」で壁を乗り越える

ここまで、中小企業の財務支援や事業承継などに対する考え方や具体的なノウハウをお伝えしてきました。保険営業の皆さんにとっては異分野の知識なので、理解しづらいところもあったと思います。でもご安心ください。押さえていただくのは基礎知識だけでかまいません。

それ以上に、大事なことがあります。本書の最後のアドバイスとしてお伝えしたいこと、それは、一番大事なのは「信頼」であるということです。

保険営業の方々が中小企業支援に乗り出す際、最初の高い壁として立ちはだかるのが、「決算書を見せてもらえるかどうか」です。本書でもお伝えしたように、事業承継支援をふくむ中小企業支援は、まず財務の支援から始まります。そのためには当然、現状の財務状況を把握する必要があります。つまり決算書を確認できないことには始まりません。

しかし「経営の成績表」とも考えられる決算書は、多くの経営者にとって命の次に大事な書類です。他人、ましてや社外の人に簡単に見せてくれるようなものではありません。

この最初にして最大の壁を乗り越えるために必要なのが、「信頼」なのです。

この信頼を得るために皆さんに忘れないでいただきたいのは、専門的な知識といったことではありません。保険の持つ「本質的な役割」です。

企業の節税になる保険商品は、たしかに保険営業にとって大きな利益をもたらしてくれました。企業にとっても、節税の観点では多大なメリットを与えたでしょう。

しかし、節税に傾倒して社内のお金がなくなれば、万が一のとき、経営者は必ず後悔してしまいます。社内に資金がなく、スムーズに事業承継できないとなれば、本来は必要のない借入や資産の購入が必要となり、数千万円、下手をすると数億円単位のお金が会社から出ていきます。これまで何十年もかけて積み上げてきた資産や努力が、保険営業の方々とのたった30分の商談、ひとつの提案をきっかけに、水の泡になることもあるのです。

そういったリスクの潜んだ商品を提案することは、はたして保険が果たすべき「本質的」な役割だったのでしょうか。そしてこの問いかけは、もちろん私たち税理士にも投げかけられるべき言葉です。

本来の保険の「本質」とは、「契約者の救いになる」ことです。

節税に繋がる商品が規制されたいま、この本質に立ち返る絶好の機会なのではないかと、私たちは考えています。

本書で何度も述べたように、保険はうまく活用すれば経営者のみならず、従業員、そして従業員たちの家族までをも救うことのできる、とても大きな力を秘めた商品です。この強力な武器の本質的な価値に気づき、心から親身になって支援すれば、経営者も必ず心を開いてくれるはずです。

経営者だって、心のなかでは相談できる相手を探しています。

「この人は信頼できる」「この人に悩みを話せば、有効なアドバイスをもらえる」と信頼してもらえたら、課題を抱えている経営者は、身近な存在である保険営業の皆さんを頼ってくれるに違いません。

営業マンと顧客という関係性を超え、ともに会社を継続させていくための良きパートナーとなれるよう、ぜひ、そのための一歩を踏み出してください。

おわりに　〜企業を支える強力な相互補助関係をつくる〜

ここまで、保険営業の方々の持つ役割についてお伝えしておきながらお恥ずかしい話ですが、当初は私たちも、保険営業の方々の存在の大きさには気づいていませんでした。それどころか、その存在にすら気づけていなかったかもしれません。

税理士には、企業の財務全般を管理する役割があります。当然、保険料の管理やアドバイスも私たちの重要な仕事です。その一環で、同じ企業を担当する保険営業の方とコミュニケーションをとらせていただく機会があります。そして何人もの保険営業の方々とお話ししていくうちに、保険営業の方々の素晴らしさに気づいたのです。

経営者のそばで必ずと言っていいほど寄り添い、保険契約の状況だけでなく、なかには企業の財務状況や、私たちや金融機関でさえ知らない会社の歴史、経営者の悩みまで把握している方もいたのです。

さらに掘り下げていくと、保険営業の方々自身も経営者や自営業であったり、いまは組織に勤めていても将来は独立を視野に入れていて自分磨きに余念がなく、時間とお金を投資して学んでいたりする人が多いこともわかりました。税理士並みに税務の知識がある保険営業の方もいたほどです。

加えて、様々な場に積極的に足を運び、紹介を通して人脈も広く、自身の仕事をポジティブに捉え、前向きに生きている人が多いという印象も芽生えました。

そこで、保険営業の方々こそ、経営者に最も近く、知識もスキルも兼ね備えたプロフェッショナルな存在であると気づいたのです。

さらには、皆さんと連携して中小企業のサポートができたら、お互いの足りないところを補完しあい、経営者のあらゆる課題を解決できると感じました。経営者の最も身近にいる保険営業の方々が親身になってアドバイスをし、税務などの実務面は税理士が担う。経営者、保険営業、税理士による、強力な相互補助関係をつくるための良きパートナーになりたいと考えたのです。

人口の減少やＡＩの普及は止めることのできない流れです。

このまま何もしないままでは、税理士の仕事も、保険営業の方々の仕事も、ただ減っていくばかりです。

この流れに逆らうためには、ただ流されるのではなく、新たな価値を生み出す必要があります。それは、「営業と顧客」というただの利害関係を超えて、経営者の信頼を得て、かゆい所に手が届く助言を提供し、「また会いたい」と思わせる存在になることです。

成功のカギを握る最大のポイントは、「支援したい」という気持ちです。生き残るためには自分自身の成功も大事ですが、経営者に「我が社のために頑張ってくれている」と感じてもらい、深く長い関係を築いていくことが、遠回りに見えても、確実で持続可能な方法なのです。

私たちの知っている保険営業の方々のなかにも、営業の枠を超えて、企業の経営コンサルティングや後継者教育、事業継続にまつわる様々な相談に乗るなどし、その企業の参謀のような存在になっている方もいます。経営者に寄り添い、内面のフォローも含めた、まさに「人間にしかできない価値」を提供しています。

こういった存在になるための足がかりが、本書で示した知識だと私たちは信じています。いまはまだ、保険営業の方々の存在の大きさ、担える役割の重要性、そして提供できる価値の大きさに気づいている税理士は少ないかもしれません。でも私たちのように、皆さんの持っている可能性の大きさに気づいている税理士は、着実に増え始めています。

皆さんには、そういった税理士を見つけ、手を組み、ともに協力して企業を多角的にサポートしていってほしいと願っています。

皆さんの意識と行動の変化が、全国の中小企業を救い、この「大廃業時代」を脱するための鍵になるはずです。保険営業こそが、日本経済の未来を照らすことができる存在です。

本書がそのためのきっかけであり、指針になれたら、これほど嬉しいことはありません。

税理士法人アイユーコンサルティング　代表社員税理士　岩永　悠
代表社員税理士　出川裕基
社員税理士　七島悠介

【著者略歴】

税理士法人アイユーコンサルティング

『高付加価値サービスの創造・提供』を理念に掲げ、『中堅・中小・ベンチャー企業の成長支援を通して日本のミライを創る』をグループ経営ビジョンとし、2013年の創業以来全国トップクラスの累計2,000件以上の相続・承継案件を手掛けるコンサルティングファーム。税理士・公認会計士を中心としたメンバーで構成されており、グループ総人員は80名を超える。
会社ホームページ　https://www.taxlawyer328.jp/
お問い合わせページ　https://bs.taxlawyer328.jp/
専門家向けの相続・事業承継アドバイスサービス　https://iud.jp/

代表社員税理士　岩永悠（いわなが・ゆう）

国内大手税理士法人を経て2013年に創業し、2015年税理士法人アイユーコンサルティングに改組。2019年グループ化に着手。グループビジョン達成のために、現在4法人2個人事務所の運営を行っている。

代表社員税理士　出川裕基（でがわ・ゆうき）

国内大手税理士法人の東京本社を経て、2017年より税理士法人アイユーコンサルティングに参画。グループ共同代表として会計事務所の枠に捉われない多角的なビジネス展開を目指している。

社員税理士　七島悠介（ななしま・ゆうすけ）

国内大手税理士法人を経て、2013年、岩永悠税理士事務所の創業メンバーとして参画。
2015年税理士法人アイユーコンサルティング社員税理士就任。『1人でも多くの方々の資産承継、事業承継問題を解決する』をモットーとしている。

保険営業だからこそできる　最強の中小企業支援術

2021年 7月 1日　初版発行
2022年 6月 11日　第2刷発行

発行　**株式会社クロスメディア・パブリッシング**
発行者　小早川幸一郎
〒151-0051　東京都渋谷区千駄ヶ谷4-20-3 東栄神宮外苑ビル
https://www.cm-publishing.co.jp
■本の内容に関するお問い合わせ先 …………………… TEL（03）5413-3140／FAX（03）5413-3141

発売　**株式会社インプレス**
〒101-0051　東京都千代田区神田神保町一丁目105番地
■乱丁本・落丁本などのお問い合わせ先 ……………… TEL（03）6837-5016／FAX（03）6837-5023
service@impress.co.jp
（受付時間　10:00～12:00、13:00～17:30　土日・祝日を除く）
※古書店で購入されたものについてはお取り替えできません

■書店／販売店のご注文窓口
株式会社インプレス 受注センター ……………… TEL（048）449-8040／FAX（048）449-8041

カバーデザイン　萩原弦一郎（256）
本文デザイン・DTP　荒好見
印刷・製本　株式会社シナノ
図版作成　小曽川美香
校正　円水社
ISBN 978-4-295-40563-4 C2034

©IU Consulting Inc. 2021 Printed in Japan